在周群飞身上，有着湘妹子那种辣椒般的性格，有着湖南人那种敢为天下先的胆量与气魄。

孙向杰◎编著

周群飞

白手起家的财富女王

追求完美、不抛弃不放弃的性格驱动力

群言出版社
QUNYAN PRESS
·北京·

图书在版编目(CIP)数据

周群飞：白手起家的财富女王 / 孙向杰编著. ——北京：群言出版社，2016.5
ISBN 978-7-80256-714-6

Ⅰ.①周… Ⅱ.①孙… Ⅲ.①周群飞–生平事迹 Ⅳ.①K825.38

中国版本图书馆 CIP 数据核字（2016）第 108375 号

责任编辑：侯 莹 金 朝
封面设计：孙希前

出版发行：群言出版社
社　　址：北京市东城区东厂胡同北巷 1 号（100006）
网　　址：www.qypublish.com
自营网店：https://qycbs.tmall.com（天猫旗舰店）
　　　　　http://qycbs.shop.kongfz.com（孔夫子旧书网）
　　　　　http://www.qypublish.com（群言出版社官网）
电子信箱：qunyancbs@126.com
联系电话：010－65267783　65263836
经　　销：全国新华书店
法律顾问：北京天驰君泰律师事务所

印　　刷：北京毅峰迅捷印刷有限公司
版　　次：2016 年 8 月第 1 版　2016 年 8 月第 1 次印刷
开　　本：710mm × 1000mm　1/16
印　　张：15
字　　数：222 千字
书　　号：ISBN 978-7-80256-714-6
定　　价：35.00 元

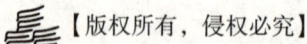
【版权所有，侵权必究】

前 言

周群飞,1970年出生于湖南湘乡,香港户籍,蓝思科技有限公司创建人。从事玻璃制造20余年,掌握了一套特种玻璃加工生产工艺。

从做手表玻璃起家,成为"手机玻璃大王"。2015年3月30日,蓝思科技已经高达每股70.98元,公司董事长周群飞手中所持的5.92亿股市值也高达420.2亿元。周群飞成为新的中国女首富。

15岁的打工妹,30年间变成身家400多亿元的中国女首富,你正在见证一个在中国发生的、真实的造富故事。

周群飞农村寒门出身,背井离乡到城市打工。为了生活、为了让家人过得好一点,她一边在工厂打工,一边还开服装店。

1993年，鉴于当时澳亚光学做手表玻璃利润很高，一些员工就要求加薪，老板不同意，包括王君骐在内的100多名员工愤然辞职。

周群飞抓住这时的机会，在澳亚光学旁边开了一个小作坊，并从这些离职员工中招了五六人开始单干，周群飞当年就赚了六七十万元。

周群飞的家庭"小作坊"站稳了脚跟。1997年金融风暴的时候，因为有些客户付不起货款以及代工费，周群飞就要求他们用一些旧的设备来抵债，然后逐渐形成了自己完整的手表玻璃生产线。

2003年，周群飞以技术和设备入股与人合伙，在深圳成立蓝思科技公司，专注手机防护视窗玻璃的研发、生产和销售。

"蓝思，其实是'镜片'英语单词'lens'的谐音。"周群飞解释，"取这个名字，也成就了我。外国客商在网上一搜'lens'，就会跳出蓝思科技公司。"

周群飞在单干后一直注重招收高科技人才，舍得在科研上面投入，她相信必须要在技术方面赶超别人才能赢得大客户。一个偶然的机会蓝思科技成为智能手机巨头苹果的客户。

因为，当时苹果的订单也都是给某知名代工厂做，但那一次代工厂做不出苹果要求的产品，而周群飞却做出来了，之后苹果就与周群飞签订了长期合同，之后订单越来越多。

在3月18日深交所的蓝思科技上市仪式的发言中，周群飞说,之所以选择这个日子上市,是因为22年前的今天,她和8个家人正式开始了创业历程。

2015年3月18日,蓝思科技在深交所创业板挂牌交易。像众多A股新上市公司一样,蓝思科技也拉开了股价连续涨停的序幕。

45岁的"手机玻璃女王"、蓝思科技董事长周群飞持有公司5.92亿股,占总股本的87.96%。资本市场上已经急不可待地预测,蓝思科技股价在首日达到44.02%的涨幅上限之后,至少能走出8个涨停板,股价达到70元以上,那时周群飞的持股市值将达到420亿元。换句话说,对于周群飞而言,变身中国"女首富"只是时间问题。

位于湖南浏阳的蓝思科技,主营业务是视窗防护玻璃。视窗防护玻璃是一种玻璃镜片,多应用于手机、平板电脑、笔记本电脑、相机等电子产品。

眼下,蓝思科技的大客户包括苹果、三星和华为等,2014年营业收入144.97亿元,净利润11.76亿元,其中对苹果的销售收入为68.8亿元,占营收的比重为47%。近3年,苹果一直是蓝思科技的最大客户。

闻名遐迩的"手机玻璃女王"周群飞,成为了中国最优秀的女性创业者之一,她的人生中有过太多次置之死地而后生的经历,但她总能在逆境中"满血复活"。

在绝大多数人眼中,周群飞是个神秘的女富豪。确实,有关她的公开消息少之又少,若不是蓝思科技 A 股上市行将成为创业板"旗舰",恐怕没有多少人会了解她和她那庞大的手机玻璃视窗的王国,更不会有人知道为了自己的事业她到底闯过了多少关、迈过了多少坎。

想听她亲口说自己的故事更是难上加难,但当你真诚走近她时,会发现她比你多的,正是那份在坎坷路上坚持到底的勇气。

第一章　敢于冲撞命运的才是强者

真正成功的人生是不受命运摆布的人生。危机当头,能调动清晰灵敏的思维和决策力;机遇面前能抵住安居乐业的诱惑,迎面接受新的挑战和事业制高点;面对他人的质疑,能用坚定而强大的内心承担起现实。

1. 苦难是人生特殊的精神财富 / 3
2. 梦想是支撑追求的精神力量 / 8
3. 没有艰辛就没有成功的获得 / 16
4. 俯下身去才能更加接近梦想 / 22
5. 努力的人蕴藏着无限的潜能 / 34

第二章　机遇只会垂青有心的人

机遇面前人人平等,有心者捷足先登。任何机遇的垂青,都不是平白无故的,表面看来似乎偶然,但实际有其必然规律在。主观上要有执着追求的欲望,才会积极去寻觅机遇,发现机遇,一旦机遇哪怕是偶然显现,都会紧紧抓住,锲而不舍。

  1. 成功是辛酸和汗水结成的果实 / 41

  2. 天下没有任何成就是偶然的 / 49

  3. 获得成功就要有战胜困难的勇气 / 56

  4. 面对挫折永不退缩终能成功 / 63

  5. 机遇总是垂青于有准备的人 / 68

第三章 心胸是被委屈和痛苦撑大的

  成功者说:让自己停止烦躁,学会适应一切逆境,因为逆境是成功的阶梯,痛苦和委屈是人生最宝贵的经历。一个人的心胸和格局也都是被痛苦和委屈给撑大的。而当挫折不期而遇时,只有敢于直面挫折,并努力战胜它的人才能到达成功的彼岸。

  1. 人的胸怀是被委屈撑大的 / 75

  2. 放弃就是失败,坚持就能胜利 / 85

  3. 困境中更需要的是自信 / 91

  4. 留下什么都比不上学会自立 / 96

  5. 创业靠实力不能仅靠关系 / 100

第四章 高调做事低调做人的智慧

  人也须拥有高调做事的魄力,有了高标准才能高屋建瓴,有了高目标才能高瞻远瞩,有了高要求才能高歌猛进,有了高姿态才能高义薄云,有了高志向才能高视阔步。在行为上要低调,才大不可气粗,居高不可自傲;在姿态上要低调,不锋芒毕露,不恃才傲物才是做人的大智慧。

1. 有一种智慧叫低调 / 107
2. "女首富"称号是靠实力挣来的 / 115
3. iPhone 视窗生产的特种玻璃女王 / 124
4. 成功必须要有坚持到底的勇气 / 131
5. 突破思维才能创造奇迹 / 138

第五章　困境之时总能绝处逢生

从起跑线上瞄准的方向决定着第一轮事业的质量。哪怕是赤脚上阵,从零出发,只要能用正直和坚毅武装好自己,严守"军规",杜绝随波逐流,第一时间发现并规避行业弊端,就能免于事业探索路上的磕磕碰碰,保护自己不摔跤,全速向成功奔跑。

1. 艰辛创业一步一个脚印 / 147
2. 野心是真正的无价之宝 / 160
3. 从小到大有时只差一步 / 169
4. 陷入困境总能绝处逢生 / 176
5. 依靠苹果、三星背后有辛酸 / 183

第六章　选择家乡浏阳创造良机

周群飞,一位擅长用行动和结果说话的企业家。她做事雷厉风行,不畏困境,不徇私情;她不墨守成规,思维开阔,积极创新;她浑身充满激情,用20余载的执着和勤奋写就自己的传奇。她的故事被人们津津乐道,她的脚步也成为无数年轻人的指向标。

1. 发工资惊动了行长的"女首富" / 191

2. 诚信、实干让她选择了浏阳 / 198

3. 曲折经历陷入是非漩涡 / 208

4. 蓝思的"富士康病"隐忧 / 214

5. 你的产品可能就是蓝思的玻璃 / 225

第一章

敢于冲撞命运的才是强者

真正成功的人生是不受命运摆布的人生。危机当头，能调动清晰灵敏的思维和决策力；机遇面前能抵住安居乐业的诱惑，迎面接受新的挑战和事业制高点；面对他人的质疑，能用坚定而强大的内心承担起现实。

1. 苦难是人生特殊的精神财富

湖南湘乡市壶天镇崇溪村是一个只有1000多人的小村,但一直以来,一半以上的人口在外打工。壶天镇是长沙、湘潭、娄底三地交界的偏僻小镇,全镇有50个行政村,2个居委会,人均耕地不足0.7亩。

在壶天镇,甚至没有看到一个像样的集市。从镇区到村庄的县道,坑洼泥泞,正在修整路基。沿路几处可见上世纪六七十年代的土砖房。崇溪村不是位于县道旁矗有牌坊的村子,离壶天镇还有20里路。

30年前,周群飞从壶天镇崇溪村走出来。实际上周群飞祖籍在娄底,民国初年逃荒到此。周的爷爷是锯木的手艺人,死得早。

以前周家相对其他村民更贫困,家里五口人,父亲失明,周群飞和她的哥哥、姐姐,一共3个孩子需要抚养。因为贫穷,家庭关系比较紧张。周群飞30年前出去打工时,是跟她哥哥打了一架出去的。

周群飞5岁那年,母亲便离去了,而周父又是一个因意外事故造成视力衰弱、接近失明的人。在20世纪70年代湖南湘乡的农村里,周群飞所处的家庭可谓比贫寒更甚。

用她自己的话说来就是："吃完上一顿饭，下一顿饭要怎么计划、要吃什么，也得去筹备。"穷人的孩子早当家，小小的农家女孩脑子里的"理财"观与生俱来。

幸在父亲是个坚强而且充满智慧的男人。"他拜过8位师傅，这8位师傅将他带入了不同行业。"他为了维持一家的生计，只能不停地学做各种各样的手艺活，赚钱来贴补家用。

"他是一个残疾人，还要不停地学，何况我是一个健康的人。在这样一个家庭，你只有逼着自己去学！"这也正是为何周群飞后来会把打工生涯的首站选在深圳大学附近的原因之一——方便半工半读。

周群飞从小就勤快、踏实，自小就帮着家里赚钱，而她的父亲很有智慧。比如那时，周群飞养猪，周父对她说，养一头猪给她提成10块钱。周群飞早上先割一篓猪草再去上学，放学回家，还要去喂猪。那时周群飞的姐姐已经出嫁，哥哥正在处对象。

周群飞也是父亲最疼爱的孩子，周群飞也特别体贴她的爸爸，寒门出孝女，周群飞从小用她的勤劳吃苦维系着这个家。

父亲眼盲后，周群飞用棍子牵着她的父亲，到街上去叫卖竹背篓。篓子是她父亲编的，8毛钱一个。尽管这么努力，周群飞还是因贫困辍学了，不久就去深圳打工。

周群飞的婶婶说，周群飞去深圳打工一去就是2年。1989年春节回家探亲时，周群飞就已经成为厂里不大不小的管理人员之一。在家过节时，周群飞也向婶婶抱怨过工作的辛劳，还给她看过脚上磨出的水泡。

她报了好几个班——会计、电脑、B牌驾照、报关证，甚至消防安全主任，不管是否用得上，她都愿意去学习。当时想法也很简单，就是要多一技傍身，为自己未来做一个打算。

"没有学好英语。"周群飞说，"我报考英语班的时候，刚好有一个更好的工作机会，放弃了学英语，这是我最大的遗憾。"

身教言传，父亲的勤劳好学影响着她，他的教诲也令童年的周群飞早早对自己有了要求。

"他的字写得非常好。小时候要求我背诵《增广贤文》，要我读《三字经》。有一些经典的句子现在还记得，它也成为了我做人做事的一个准则。"

面对记者，周群飞不假思索地便吟出了一句："贫居闹市无人问，富在深山有远亲。"正是贫寒的家境和熟读的《增广贤文》让她始终存在紧迫感，从懂事起，她就暗下决心，必须靠努力学习去改变自己的命运。

只是，在1970—1980年代的湖南山村，通过正常求学改变命运的机会本就寥寥无几，父亲已尽力供她上学，可因必须承担超出自身年龄、繁重的家务和农活，她连正常上课的时间都不能完全保证。

念书时她的语文成绩特别好。就在蓝思科技上市前夜的创业历程交流会现场，周群飞还请到了当年的语文老师，在所有来宾面前向他表示感谢。"他会来家访，教我要写好作文，一定要善于观察周围的事物……"

蓝思科技有一款镀膜视窗玻璃的专利发明,最初的创意正是来自于周群飞回想小时候对荷叶的观察。"水滴在荷叶上滚来滚去形成水珠,水珠滚动后叶面没有留下任何痕迹。"周群飞笑着回忆那个细节,"要不是从小老师教我细心观察,我可能就没这灵感发明这个专利。"

就像她从来不避讳自己出身微寒一样,周群飞也毫不讳言自己的事业起点是一家小小玻璃加工厂的打工妹。而打工妹的起点,又是从一声至今未能道出的"感谢"开始的。

2015年3月18日,深交所迎来"新贵"——"蓝思科技"。上市首日,开盘价为22.99元,最终报收于每股33.11元,蓝思科技市值达222.95亿元。按照当日股价计算,董事长周群飞个人身家已达196亿元。

这位昔日的"打工妹",在20多年的创业打拼中,经历过白工夜读、白手创业的艰辛,也尝到过产品转型的压力和飞速发展的喜悦。"回首创业历程,一部心酸血泪史",周群飞在微信上为自己代言。

自古雄才多磨难。举凡人类历史上大慈大悲大智大勇大才大德的思想家、政治家、军事家、文学家、科学家、企业家等等,无一不是历经磨难的人。

正如孟子所言:"天将降大任于斯人也,必先苦其心志,劳其筋骨,饿其体肤,空乏其身,行拂乱其所为,所以动心忍性,曾益其所不能。"

有识之士才能真正懂得大风大浪、大起大落的磨难，对于造就"倜傥非常之人"那坚定不移的理想信念、百折不挠的顽强意志、大肚能容的宽阔胸怀、披荆斩棘的进取精神，有着砺古、炼狱般的神奇作用。"艰难困苦，玉汝于成"才是这些"生当人杰"者的人生写照。

经历同样的磨难，为何有的人失去志向，精神不振，趋于平庸，走向颓废？而有的人则"穷且益坚，不坠青云之志"，鼓足勇气，振奋精神，排除万难，重新扬起生活的风帆，从而成为英雄豪杰？

因为磨难只是一种改变人生的外在条件，能否敢于正视磨难，"冲锋不止，战斗不息"地自我努力、自我奋斗、自我拼搏，才是导致以上两种截然不同结果的内在根据。

可以说，磨难是人生走向成败的试金石，是英雄，是软蛋，日常顺境显不出，磨难困苦面前立见分晓。

法国作家巴尔扎克说得极是："苦难对于天才是块垫脚石，对能干的人是一笔财富，对弱者是一个万丈深渊。"从这个意义上说，苦难是人生一笔特殊的精神财富。

真知灼见

苦难是人们极不情愿尝试的二字，但人又离不开苦难，没有苦难，人就成不了大气，没有苦难，人就没有精气神，苦难是人生的精神财富。

2. 梦想是支撑追求的精神力量

周群飞最初的工作是加工手表玻璃。用今天的眼光去看，周群飞认为当初的工艺实在太简单。一片普通的玻璃原料，再切割、仿形、抛光就可以出货了……

那家企业规模很小，一栋小三层，不到1000平米，设备全是旧机器翻新的，工艺也不齐全，员工吃、住、工作都在那栋小楼里。

做到第三个月的时候，周群飞便觉得那里"没有东西给我学。"她迫切地期望转型，于是写了人生第一封辞职信。岂料，这封信却真的成为了一个重要的人生转折。

一个不足20岁初出茅庐的打工妹，就地升职，要自己去筹备一个新部门——丝网印刷部。

没有谁可以教周群飞，好在她从一个北京来的同事那里得到了一本来自北京图书馆的《丝网印刷》，她如获至宝。

"我把这本书天天捧着看，总能找到那么几句话可以解决工艺上的一些疑难问题。"这本书至今还是蓝思科技的"传家宝"。

"书中自有黄金屋"一点不假，周群飞遇到丝印过程中的疑难问题就翻书，边学边做，从最初的丝印到后面的出菲林、晒网版、烘烤、调色、褪油等所有流程全部熟练掌握。

据说现在行业使用的玻璃油墨也是来源于她的配方，行业首条自动印刷线、烘烤线、褪镀线、CNC加工的设备和工艺都来自于她和她的团队，且很乐于共享给同行业。

随着生产规模的扩大，她所能施展拳脚的平台和学习积累的空间也越来越大。盖房、布线、消防、备案、报关……麻雀虽小五脏俱全，"三来一补"小企业运作的每一个环节周群飞都亲力亲为。3年后，原本的小小加工厂已经变成了一家颇具规模的正规工厂。此时却出现了新的问题。

那时来深圳投资的港澳台小老板大都有一个特点，资金并不充裕，内地的社会关系又相对复杂。随着规模的扩大，"这个工厂出现了太多老板的'皇亲国戚'，我越来越受排挤，无论怎么做都是错。"

事实上，这也正是蓝思科技上市前夕网络上一些负面舆论指责周群飞的理由之一，说她"忘恩负义"，"从培养她多年的工厂辞职，还带走了骨干和客户……"

周群飞对此立场明确："首先本人从未在报道中的那家公司工作过，而且那家公司成立于2003年；其次我创业是帮玻璃厂及表壳厂加工电镀、丝印而已，而且当时的来料加工厂是不允许内销的，可我的客户都是大陆工厂（内销）何来抢客户之说，再说在我创业那个时间段中国也没有太多的亿万富翁，何来有人给我几个亿？"

当时在工厂管理上的矛盾突出，已经到了她无法妥协的地步，只有主动放弃。"还有媒体报道说是我想加工资，所以出走——这个说法也不对。因为那个年代我还年轻，我不在乎工资，我只在乎我有多少学习锻炼的机会，包括现在我跟我的下属都是这么讲！"

那是1993年，不满23岁的周群飞自己做了老板。

梦想是支撑我们自身追求的一种精神力量，也是我们日益进取的动力源泉。对于任何一个想要成功的人来说，拥有梦想是迈向成功的第一步。

且不说拿破仑的那句旷世名言，"不想当将军的士兵不是好士兵"，就说我们平日常见的那句曾停留在央视广告部门的广告词："心有多大，舞台就有多大"也激励了芸芸众生。

19世纪初，美国一座偏远的小镇里住着一位远近闻名的富商，富商有个19岁的儿子叫伯杰。

一天晚餐后，伯杰欣赏着深秋美妙的月色。突然，他看见窗外的街灯下站着一个和他年纪相仿的青年，那青年身着一件破旧的外套，清瘦的身材显得十分羸弱。

伯杰走下楼去，问那青年为何长时间地站在那里，青年满怀忧郁地对他说："我有一个梦想，就是自己能拥有一座宁静的公寓，晚饭后能站在窗前欣赏美妙的月色。可是，这些对我来说简直太遥远了。"伯杰说："那么请你告诉我，离你最近的梦想是什么？""我想，就是能够躺在一张宽敞的床上舒服地睡上一觉。"

伯杰拍了拍他的肩膀说："朋友，今天晚上我可以让你梦想成真。"于是，伯杰领着他走进了富丽堂皇的公寓，把他带到自己的房间，指着那张豪华的软床说："这是我的卧室，睡在这儿，保证像在天堂一样舒适。"

第二天清晨，伯杰早早就起床了。他轻轻推开自己卧室的门，却发现床上一切都整整齐齐，分明没有人睡过。伯杰疑惑地走到花园里，他发现那个青年人正躺在花园的一条长椅上甜甜地睡着。

伯杰叫醒了他，不解地问："你为什么睡在这里？"青年笑笑说："你给我这些已经足够了，谢谢……"说完，青年头也不回地走了。

30年后的一天，伯杰突然收到一封精美的请柬，一位自称是他"30年前的朋友"的男士邀请他参加一个湖娜度假村的落成庆典。

在那里，他不仅领略了典雅的建筑，也见了众多社会名流。接着，他看到了即兴发言的庄园主。

"今天,我首先感谢的是在我成功的路上,第一个帮助我的人。他就是我30年前的朋友伯杰……"说完,他在众人的掌声中,径直走到了伯杰面前,并紧紧地拥抱他。

此时,伯杰才恍然大悟,眼前这位名声煊赫的钢材大亨特纳,原来就是30年前那位贫困的青年。酒会上,特纳对伯杰说:"当你把我带进寝室的时候,我真不敢相信梦想就在眼前。那一瞬间,我突然明白,那张床不属于我,这样得来的梦想是短暂的。我应该远离它。我要把自己的梦想交给自己,去寻找真正属于我的那张床!现在,我终于找到了。"

把梦想交给自己,别让别人偷走自己的梦想。30年河东,30年河西,只要有自己的梦想,一切皆有可能。

一位心理学家说过:"当一个人真正准备好要迎接一个事物的时候,这个事物就会露脸了。"这就是一种召唤,一种心灵的到达,这更是让人向这个事物尽力靠近的一种谁也无法遏止的力量。

国内知名企业万科集团董事长王石,被医生诊断,如果病情再延续,他的下肢不久可能瘫痪。在养病期间,一天,他突然有一个十分强烈的念头——要去登珠穆朗玛峰。

于是他走过大雨与泥泞,三天后真的到了珠峰脚下。望着白皑皑的雪峰，他想：我必须要有一些专业的训练才行啊。

那一日，他正好碰到了中国登山队的教练，便请求他的指导。教练欣然答应并引导他训练。他的梦想之旅竟这样开始了。

不久他登上了玉珠峰，接着又登上10座雪山，其中包括非洲的最高峰乞力马扎罗雪山和北美洲的最高峰麦金利雪山。

过后，他便跟着国家登山队真正登珠峰了。途中，他两次遇到缺氧，胸闷得像要爆炸，但他执着一念，在陡坡和雪窝里拼命地往上爬啊爬。而要登顶，必过一段绝壁。这对他来说，无疑是决绝的生死体验。

然而面对绝壁，他很沉着，他一点一点以惊人的毅力越过了这个生死之门。最终站在劲风中，用双手展开了五星红旗，就像擎着一团火焰，站在了世界之脊上。

当他真正决定要登珠峰的那一刻，珠峰已经在他的脚下了。有时一个人心灵的高度，就是他梦想的高度。那时他50岁，他用一次壮举，告诉我们："人生的梦想是可以从五六十岁开始的。"

无独有偶，下面这个逐梦女孩的故事，同样使人的心为之撼动。

她，早年失去父亲，与母亲相依为命。17岁，初中没上完就退了学在小吃摊给人洗碗。每天看着成群的孩子背着画板从她面前走过，她很羡慕。

一天，在小摊上坐着的艺校校长说他的学校要一个清洁工，她便说她想去试试。校长答应了。过后她便在艺校当起了清洁妹。等学生走了，她便捡地上的废画纸，用橡皮擦干净，在寝室里偷偷画画。一画就是一年多。

一个偶然的机会，校长在她的寝室里发现了很厚的一叠画稿，一问才知是她画的。他觉得不错，就拿去让专业老师点评。答复是笔法大胆独特，但没有绘画专业训练。于是她不要学校的工资，只要求学校让她干完活能听老师上课，校方答应了。

于是，她一天8小时工作，5小时睡觉，11小时画画。2010年10月她瞒着母亲参加了美术高考，竟通过了四川美院的专业考试，但因文化课只有初中水平，没考上。

她下定决心，一定要补习高中课程，考更好的美院。她每天学习到深夜两三点，就这样，在2011年2月26日这一天，她终以556分的高分，被清华大学美术学院录取。

这是成千上万的美术考生的梦想，而且难度只能用"百里挑一"来形容啊。而这清华之梦，竟让一个清洁妹变成了现实。她，叫邓轩，22岁。

不论是王石、邓轩，还是周群飞，他们的梦想虽不同，但是他们追逐梦想的那份执着与坚持，那份超人的毅力，那一路跋涉的淋漓之苦,是绝对一样的。

他们用惊人的意志,坚韧的双脚和双手,给我们创造了两个十分惊人的壮举:一个写在雪峰之巅,一个画在雪白的纸上。

在现实中,有很多像他们一样执着前行的人。他们曾经都有过或远或近、或大或小的梦想,然而真正实现的并不多。

因为生活中有太多的喧哗或风暴,往往会把这些脆弱的梦一个一个吹熄。而这两个追梦者,却如此撼人心魄,如此决绝,最终站在了自己梦想的高处。

真知灼见

一个人绝不能轻视自己的梦想,梦想是我们生命的拐杖。不论前方的路有多远,山有多高,只要你坚强,梦想总会引领你,走到它本应有的高度,因为梦想永远是我们生命的高度,也是我们心灵的高度。

3. 没有艰辛就没有成功的获得

周群飞初到广东是想学服装设计。周群飞说:"当时家乡嫁女流行的嫁妆就是缝纫机,跟她一起长大的闺蜜,都去学了缝纫。每当听到缝纫机"喳喳喳"声响,心中就有股冲动。那时,我也爱美,在村里时就爱穿新衣服和高跟鞋。"

周群飞来到深圳,在深圳大学旁找了份工作,白天在手表玻璃加工厂打工,晚上去读夜校。

年少的周群飞,对什么也都好奇,"我学过会计,经常义务帮会计贴发票、抄流水账。没料到这些知识对后来管理企业起到了重要作用。"

电脑刚兴起时,周群飞同样兴趣很大,"1分钟可以用五笔打150个字。那时的电脑还没有鼠标。"周群飞笑呵呵地说,现在跟女儿说起这些,她不理解,"电脑没有鼠标,怎么用啊?"

为了尽量多掌握谋生技能,周群飞考过报关员,还考过驾照。说起考驾照,周群飞印象深刻。那时,湘潭没有考小车驾照的地方,只能报名学货车驾驶。

班上50个学员,只有两个女孩子。货车驾驶室座椅是木板的,周群飞个子小,油门一脚都踩不到底。大车的方向盘特别重,手掌上都磨出了血泡。

对于周群飞来说,最难学的是换轮胎,她当时只有90来斤,整个人压在扳手上,也拧不动一颗螺丝。但最终周群飞还是把货车驾照(B照)拿到手了。

没有谁的成功是轻易获得的。在鲜花和掌声的背后,付出的是你的汗水和泪水。在成功的奖杯上,镌刻的是你的艰辛与磨难。

可以说,没有艰辛,就没有成功的获得。面对艰辛,没有顽强的毅力,也终将与成功无缘。

约翰·希顿是《美丽的英格兰和威尔士》一书的作者,他的经历正可以印证艰辛出成功的道理。

他出生于一个穷苦人家,因为破产,受到打击后的父亲疯了。希顿也由于父亲的不幸开始了不同寻常的生活。他几乎没有受什么学校教育,经常是有家难归、衣食无着,终日四处游荡。

为了讨一口饭吃,他不得不在他叔叔开的一个小饭馆里干活。后来,由于他的身体日渐衰弱,人也变得有气无力,就被叔叔赶出了店门。

他又开始四处流浪。望着莫名其妙的天和地,看着世上莫名其妙的人,他想起疯了的父亲,眼泪扑簌簌地掉了下来。在此后的7年中,他饱尝了人世间的世态炎凉、人情冷暖,看惯了阴起阳落,也经历了难以言说的酸甜苦辣。

他曾在自传中自言自语道:"我花了18便士租了一间又阴暗又潮湿的房子,在寒冷的冬天,我生不起火,只好孤身一人躲在被子里,除了偶尔听听窗外的凄风苦雨之声外,我只能在书本中寻寻觅觅。"

后来,他徒步来到了巴思,被雇为酿酒工。不久他又回到了首都伦敦,这时他已不名一文,连鞋和衬衫都没有。还好,他有幸在家叫伦敦餐馆的地方找到了一份工作,他得从早上7点到晚上11点呆在地窖室里工作。

为了讨一口饭吃,他得庆幸自己找到这份"美差",但长期禁闭在地窖里不见天日,加上繁重的工作,他的身体垮了下来,他只得丢下这个能苟且谋生的饭碗。

不久他又从事代理人的工作,每周赚十五先令的薪水。在此之前,他曾利用许多业余时间练字,他的书法很漂亮,这是他这一次成为代理人的资本。

在工作之余,他把闲暇时间都用来逛书店,他买不起书,他只能一段一段地读、记。长年累月,他积累了深厚的文学知识。

后来他换到了另外一个办公室,在这里,他每周可获20先令的"丰厚报酬"——这只是对他而言。他仍然埋头学习、研究。

在28岁那年,他写了一本《比泽奇遇》,得以发表。从那时起一直到死,在这漫漫55年中,希顿一直从事辛勤的文学创作。

他发表的著作有87本之多,最重要的著作是《英格兰大教堂古迹》。这是一部光彩夺目的辉煌之作,也是约翰·希顿勤劳辛酸一生的纪念碑。

其实，没有谁的成长道路是一帆风顺的。经历了艰辛与曲折，成功才更显珍贵。而真正有志的人，都能克服艰难险阻，从中崛起，赢得人生的辉煌。

眼下，已经到了学生临近毕业的时候。在今年，哈佛将有一位特殊的毕业生——布露柯·艾莉森，她是哈佛有史以来第一位四肢瘫痪的学生，而她以坚强和不懈的努力，给众多的哈佛学子树立了光辉的榜样。

在一次车祸中，几乎丧命的艾莉森虽然最终保住了性命，但四肢却全部瘫痪了。面对这样的打击，她没有丧气消沉，而是把全部精力都用在了学习上。后来，在升学考试中，以出色的成绩成了哈佛的一员。

在哈佛学习的日子里，她也从未停止过努力。虽然她遇到的艰辛和付出的代价让常人难以想象，但她却从不畏惧。

平时，她要靠别人推轮椅，做功课要用舌头按电脑的键盘，发表演讲要靠别人抱上讲台。除了四肢不能动弹外，她还必须戴一副呼吸器，每分钟将空气压进肺里 13 次，才能维持生命。

面对这种种痛苦，她仍无比坚毅地说："这就是我的生活。我一直感到，不管我所面临的情况如何困难，还是应该活下去，而且不能让自己无能为力的事困扰自己。"

对自己遭遇的不幸，艾莉森并没沮丧，她始终以乐观的心去坦然地面对一切，脸上经常挂满微笑。她以自己的坚强感染了周围的人，同时也给自己的人生涂上了绚丽的一笔。

她凭借着坚韧的毅力完成了哈佛学业，作为一个残疾人，她不仅以哈佛大学毕业生的身份实现了自己的价值，更成为哈佛的光荣。

在这个世界上，聪明的人并不是很少，而成功的，却总是不多。聪明的人总是想从艰难背后绕过，而能成功的人则勇于面对困难，饱尝艰辛，最终与成功握手。

哈佛的教授教导学生说，伟大的成功者常常是在艰辛、困境中铸就自己人生的辉煌，他们把自己的不幸都看成是上帝的恩赐和命运的考验。

他们不会为自己的艰辛而感到悲伤，他们也不会屈服于不公平的一切，而是以自己的良好心态来走出不幸和艰辛。

博迪是法国的一名记者，在1995年的时候，他突然心脏病发作，导致四肢瘫痪，而且丧失了说话的能力。被病魔袭击后的博迪躺在医院的病床上，头脑清醒，但是全身的器官中，只有左眼还可以活动。

可是，他并没有被病魔打倒，虽然口不能言，手不能写，他还是决心要把自己在病倒前就开始构思的作品完成并出版。出版商便派了一个叫门迪宝的笔录员来做他的助手，给他的著述做笔录。每天工作6小时。

博迪只会眨眼，所以就只有通过眨动左眼与门迪宝来沟通，逐个字母逐个字母地向门迪宝背出他的腹稿，然后由门迪宝抄录出来。

门迪宝每一次都要按顺序把法语的常用字母读出来，让博迪来选择，如果博迪眨一次眼，就说明字母是正确的。如果是眨两次，则表示字母不对。

由于博迪是靠记忆来判断词语的,因此有时就可能出现错误,有时他又要滤去记忆中多余的词语。开始时,他和门迪宝并不习惯这样的沟通方式,所以中间也产生过不少障碍和问题。

刚开始合作时,他们两个每天用 6 小时默录词语,每天只能录 1 页,后来慢慢加到 3 页。几个月之后,他们历经艰辛终于完成这部著作。

据粗略估计,为了写这本书,博迪共眨了左眼 20 多万次。这本不平凡的书有 150 页,已经出版,它的名字叫《潜水衣与蝴蝶》。

可以说,艰辛是成功路上的随行者。拿破仑·希尔认为,每一种困境之中都埋藏着利益的种子。任何人的成功都少不了艰难险阻。很多人把艰难当作成功的障碍,其实,这是个如何看待的问题,关键在于你的心态。

如果你意志薄弱,不堪重压,那艰辛就是你前进道路上的绊脚石。反之,如果你不畏艰辛,把它看作是一种磨练,一种考验,那艰辛就是你获取成功的助推器。你会鼓励自己从困境中站起,将一切艰辛化为上进的动力。你会咬紧牙关,克服一切困难,迎着艰辛走向胜利。

真知灼见

不要害怕艰辛,因为没有什么事情是能够一帆风顺的。把艰辛当作对自己的挑战,你就能战胜它,最终赢得成功。

4. 俯下身去才能更加接近梦想

1993年,周群飞带着哥嫂、姐姐、姐夫和两个堂姐妹开始了创业之路。最初的创业资本是她在打工时期开时装店时攒下的2万港元私房钱。

他们在深圳黄田租了一套三室一厅的农民房,吃住工作都在里面。一块铝板,加工切割之后,就可以组装成一个简单的工作台。

"初期我没有这么大的抱负,只是觉得做一件事要做好,做得完美一些。"周群飞说。追求完美已经深深刻进了她的性格。在接近2个小时的采访中,周群飞一直保持挺直坐立的姿势,只是为了在镜头上呈现最美的一面。

创业初期她帮助同行做印刷的加工。第一批订单的获得也充满艰辛,当时没有互联网,只能通过黄页寻找手表和表壳厂,然后一家家去拜访。好强、能吃苦,周群飞身上的这些特质与她的童年经历不无关系。

5岁就失去母亲的周群飞，父亲因意外事故造成双目失明，让本就清贫的家庭雪上加霜。周父曾拜过8个师傅，在农村是一个巧手匠，靠手艺养活子女。

在父亲的耳濡目染之下，周群飞从小也养成了不停学习的习惯，她来深圳的第一个住址就选在了深圳大学旁边，以方便自己学习各种课程。

周群飞说："我选择这个行业，比较喜欢去搞创新、研发，跟父亲是有很大关系的，因为父亲一直是个负责、好学的人。"

跟很多农村女孩子一样，周群飞初中还没读完就辍学了。不过，好强的人，总是可以找到改变自己命运的机会。

之后，她央求回湖南探亲的舅舅带自己去广东念书，舅舅带着15岁的周群飞去了韶关。在韶关呆了三四年之后，周群飞又来到了深圳。

听说深圳大学有很多技能培训班，可以半工半读，周群飞在深大附近租了间房子，开始了白天打工、晚上上课的忙碌生活。

她报了好几个班——会计、电脑、B牌驾照、报关证，甚至消防安全主任，不管是否用得上，她都愿意去学习。当时想法也很简单，就是要多一技傍身，为自己未来做一个打算。

坚持学习的习惯对于周群飞后来领导公司大有助益。"我要去领导他们的时候，首先我必须自己要懂，也不完全说是那个时候学了就懂。但一定要不停地要学习，不停地去增值。其实领导这么一大帮人才，压力还是有的，何况我还是一个女人，所以永远都不能放弃学习。"周群飞说。

周群飞到深圳的第一份工作是在一个手表玻璃工厂打工。工友都是从韶关或者清远城里来的，只有她一人来自农村。

20岁出头的女孩子，下班后的活动非常丰富，逛街、看电影或者溜冰，只有周群飞的下班时间不是去深大培训，就是猫在出租屋里看书，或者给之前的同学写信。

有时候同事不上班，周群飞还会自告奋勇去给她们顶班，借机学习她们工站上的技术。

"我那个时候就是那种心态，只要你让我学，工资你给不给无所谓，我跟她们的追求不一样，因为她们都是从城里来的，她们有资本，我没有，就想靠自己的努力去改变。"

3个月之后，力争上游的周群飞觉得在厂里学不到什么东西了，再做下去只是"浪费了自己"，于是给厂长写了一封辞职信。

她的一手好字以及在厂里的积极表现得到了厂长的认可，最终她非但没走，反而成了部门的主管。

大家可能都知道梁凤仪。她是华人世界最富有的才女，一支笔打造出几亿资产——成功创业、才华横溢、嫁入豪门，女人所有的梦想，她几乎都实现了。

她开公司，1977年创办碧利菲佣公司，为香港家庭引进菲律宾女佣,成为香港社会史上很重要的一大创举,三年净挣9000万。

2004年由她一手创立的勤+缘媒体服务有限公司上市,她宣布封笔从商,2006年转售自己部分股份,套现2173.75万港元。

她写小说,10年出版超过100部作品,仅仅1989年创作第一年,就分别在4月、6月、9月、11月出版了《尽在不言中》《芳草无情》《风云变》《豪门惊梦》4本小说,封笔前总共写了1000多万字。

她选择爱的人结婚,丈夫黄宜弘是香港商界翘楚,出身显赫商誉极好,不仅担任香港永固纸业有限公司主席,合兴集团副董事长,金利来集团及亚洲金融集团董事,同时还是全国人大代表,香港立法会议员,香港中华工商会副会长,投资遍布世界。

梁凤仪的第一本小说名叫《尽在不言中》,出版时她已经39岁,那时,她的第一次婚姻结束,一个年近不惑的离异女子,因为厌倦不同派别的办公室战争而离职,等待她的会是什么呢?

让人大跌眼镜的是,一年之后,她不仅成功加盟永固纸业成为董事,并且重新开始了一段相濡以沫的恋爱和婚姻。

其实,从来没有什么所谓的"逆袭",那些柳暗花明的转折,都倚着背后"尽在不言中"的执着。

作为中国最大的信息本地化服务机构,交大铭泰软件有限公司(以下简称:交大铭泰)创造了三个第一:国内第一个通用软件上市公司,亚洲首只"信息本地化概念股",2004年香港股市(8148.HK)

第一家上市企业，不禁让我们对其董事长何恩培刮目相看。

1997年，交大铭泰从一个不足9平方米的地下室，只有4名员工的不起眼的小公司开始创业，到何恩培拥有上亿元巨额资产，以开发、销售技术创新性强的翻译软件（东方快车）、播放软件（东方影都）和网络软件（东方三王、东方虹）而被业界誉为"东方三强"的大型旗舰式通用软件企业。交大铭泰的领军少帅何恩培，也随着企业的不断发展在软件业界更加引人注目。

1969年7月，何恩培出生于四川大竹。1988年考入华中理工大学固体电子学专业，1992年被保送本校续读研究生。

由于他出色的毕业论文获得特等奖，而被国际工程师学会吸收成会员并列入检索中。然而，令人没有想到的是，被保送没几天，何恩培就带着几个同学承包了武汉著名的电脑一条街上的武汉高科公司系统工程部，开发电脑印章系统、电脑免疫系统。他的第一笔投资是1000元，是向父母借的。

那时的高校还没兴起"创业潮"，一切活动都是瞒着学校干的。一段时间后，生意开始盈利了，他们又滚动投资，生意越做越红火。

一年多后，他们共赚了23万元。他们用这些钱到处考察，参观展示会、联系企业……何恩培初涉商场就获得了成功，他感受到了创业的快乐。

1995年研究生毕业时，学校决定保送何恩培去日本读博士，何恩培婉拒了。他认为，所谓人生智慧，首先表现在抉择之中。

研究生毕业后，何恩培先后在深圳华为、珠海南科工作过，刚开始每月工资1200元，不够花，还得向公司借。但他从不向老板提工资的事，而是积极为公司解决问题，以工作成绩来证明自己的能力和价值。

半年后，他就成了公司的高级主管之一，年薪涨到8万元，公司还给他配了车，给了他一套房子。

1996年，他被珠海市评为"珠海市优秀中方干部"。功成名就之际，他断然放弃已拥有的优越生活。

1997年，为了更好地发展，何恩培来到北京的中关村，在一家软件企业任副总经理。那家公司是个家族企业，老板认为自己永远是对的，而他希望能参与决策，这一矛盾的无法解决导致了他的离开。

正是由于这种经历，让何恩培深深地体会到，企业领导一定要勇于承认错误，同时要学会包容。

何恩培说："我认为自己的领导能力并不一定比其他领导者更强，但我最擅长做团队中每个人的一面镜子。比方说领带打歪了自己不知道，面对镜子的时候就知道了。因此并不需要我绝顶聪明，我只要做好一面镜子，做好一个交流者、沟通者。"

怀着这种"做一面镜子"的理念，一年后，何恩培决定自己组建公司，开始自己的创业之路。他说："我从小就有一种冲动，希望这辈子能给别人一个舞台，让别人和我一起来跳舞。"

1997年9月，何恩培在北京的一个地下室里，他与4个志同道合者谈了整整一夜。当地平线开始泛白的时候，一个新公司诞生了，这就是北京铭泰软件开发有限公司。5个人倾其所有，凑了15万元。他们由此迈出了万里长征的第一步。

铭泰公司成立后，主要从事研究、开发及销售四大系列软件产品，其中以翻译软件为主，其余则包括信息安全软件、互联网应用软件及娱乐软件。

1998年6月，何恩培从实达集团引进600万元资金，开发出第一个产品《东方快车》，并将公司更名为实达铭泰（北京）软件公司。

说起那段快速发展的日子，何恩培最不能忘怀的是那次《东方快车》"生死战"。

在《东方快车》出来之前，南京月亮公司在汉化翻译软件市场中独占鳌头，该公司的《即使汉化专家》在这方面是老大，没人能与之叫板。

何恩培苦苦思索，怎样才能让他的《东方快车》一炮打响？经过慎重考虑，何恩培决定与《即使汉化专家》叫板。

第一步他采用了"三个一"战术：集中火力猛攻一个媒体即《电脑报》，因《电脑报》在IT圈是发行量最大的报纸；集中精力占领一个城市即北京，北京作为中国IT大本营，其软件销售量占全国一半以上；搞活一个代理商即"联邦"，因"联邦"是软件销售的主渠道，占整个中国软件销售的40%左右。

与此同时，他还参加各种展示会，并让消费者当场感受、免费使用自己的产品。

《东方快车》的销售势头越来越好，并冲到了销售排行榜第一。这下，南京月亮公司慌了，赶紧在技术上升级，但为时已晚。最后南京月亮公司采取了降价策略，何恩培的应对措施不是让自己的产品跟着降价，而是另辟蹊径。

恰在这时，中国遇到了1998年特大洪水灾害。何恩培决定展开一次"洪水无情人有情"软件义卖活动：凡是在中国红字会捐款10元以上的人，凭捐款单都可以用48元买到一套原价160元的《东方快车》软件，比《即使汉化专家》还便宜10元。这样既援助了灾区，又给了消费者以实惠。

《东方快车》知名度大升，一举成为中国翻译工具软件市场的首选品牌。谈起这段往事，何恩培深有感触：是善心让我占有了较大的市场份额。

南京月亮公司的撤退方式是突然消失。何恩培对对方怀有恻隐之心，决定去找这对夫妻创业者，帮帮他们。何恩培通过各种复杂的关系，终于和他们联系上了。何恩培说："你们的突然消失是对用户不负责任，希望我能替你做所有客户的售后服务。"对方好半天没有说话，随后便将电话挂了。

后来,那位先生选了一个地方,让他去南京见面。当时,公司的同仁们都有疑虑,因为是自己将对手打倒的,担心会遭到报复或是中了对方圈套,但何恩培还是去了。

三天后,《即使汉化专家》在报纸上刊登广告,申明所有用户的售后服务都由何恩培负责。业界人士不得不叹服:既为对方解了围,又扩大了用户群。

何恩培说,商战并不意味着伤害对手,我最初的动机只是因为恻隐之心,是宽容之心成就了我。

任何事情都不是一帆风顺的,1999年,何恩培遭到了一次重大的失败——soyou网的项目经营失败。这个在互联网第一轮投资浪潮中的兴起而又破灭的梦幻,让何恩培感到可惜。何恩培说:"当时这个网络项目停掉后,企业200多名员工被裁,类似于'壮士断腕'。"

分析失败的原因,何恩培说:"互联网的出现确实改变了整个世界,我认为所有的商业模式也会通过互联网再生和重演。可由于片面追求现金流,不愿意对soyou网持续投入,从而放弃了这个很好的机会。"

何恩培也反思说:"1999年开始做的soyou网是我们推出的一个目录式服务,由于我们的不成熟,放弃了。如果能坚持到今天,soyou的结果会比 google 还要好。"

遭遇失败的何恩培并没有一蹶不振。凭借在翻译软件方面的专业知识及资源优势，自觉在个人软件领域已经做到了顶峰的何恩培，于 2002 年 4 月从上海交大引入 1000 多万元，将公司重新更名为交大铭泰（北京）软件公司。

2004 年 1 月 9 日，何恩培以优良的业绩促使交大铭泰在香港创业板上市。随后又更名为交大铭泰（北京）信息技术公司。

对于未来，何恩培说要立志使交大铭泰成为翻译行业的联想和戴尔，到 2015 年做到销售额 30 亿元人民币。

他说："我最大的成就感就是带领别人去成功。我不希望是做一件具体的事情而成功，而是希望我能帮助他们搭平台，协助他们成功。"

谈起成功的管理秘诀，何恩培说，他在企业里扮演的是一个"导演和教练"的角色。"作为领导者，当大伙热火朝天干活的时候，你要提醒他人方向可能要调整一下；当大伙在埋头苦干的时候，你要求他们更换一种方式；在大伙某种工作方式不对的时候，你更要鼓励大家探讨一些新的方式。"

也许，成功者与失败者之间的差别就在于，前者总是能在黑暗中看到一丝希望，从而将希望转化为动力让自己坚持下去，而后者则只是心灰意冷的放弃。其实，取得成功的过程并不是一帆风顺的，总会经历失败、失败、再失败的阶段，而此时只要找对方向、再坚持一下，就一定会听到胜利的号角吹响。

交大铭泰的团队成为一个稳定的团队，人员自创业以来基本上没什么变化，同时团队在企业创新方面也取得了不少的成绩：最初在互联网刚兴起的时候，他们敏锐地发现，人们的学习能力不可能一日之间就能上升，但是信息量和信息的交换速度却是飞速上升的，这时必然需要一种工具。

于是他们抓住机会做了《东方快车》翻译软件；在2000年互联网步入发展期的时候他们提出了"I软件"；2003年交大铭泰的团队又提出了"东方翻译工厂"的概念。

何恩培承认自己是个偏理性的领导。作为一个领导，他认为首先要有能力带领团队不断开创新的天地，这是所有事情的核心。

一个团队存在的价值和原因，不是金钱，而是共同的新的希望和理想。作为领导者就是应该让团队具有这个能力，要每个人懂得如何去做，要不断地交流。

如果按照人的个性划分的话，可以这样评价何恩培，他属于"自我克制能力"较强、心态比较平和的一类。

简单的一个例子，作为一个商业成功人士，何恩培很少喝醉，甚至不太喜欢喝酒。这一点甚至在2014年公司上市当天，也没有一点变化。而在何恩培自己看来，这并没有"为什么"，因为这不是他的个性，很简单。

处事细腻周到、思考全面和深入也是何恩培性格的一大特点。他说:"为什么这些年我的挫折少一些?就是因为比别人多思考百分之一到五,做的每一件事都有120%的准备。每一次商战,我会把各种可能发生的情况和应急措施预先想好。有一句话叫'千里之堤,毁于蚁穴',而千里长堤也是靠一个个小细节筑就的。哪一个小细节被忽略,可能就会功亏一篑,坏了大事。"

坚持,忍耐,宽容,细心,有人情味,这些并不深奥,但真正做到是很不容易的。何恩培高就高在这里:别人不一定能做到的,他做到了,所以他获得了成功。

说何恩培有人情味,就表现在他非常注意培养下属,给他们提供各种机会,帮助他们,使他们一步步走向成功。而这也正是他最欣慰、最快乐的事。在他的带领下,用短短8年时间,发展壮大。

真知灼见

有了梦想,就有了动力。它会催人前进,也许在实现梦想的道路中,会遇到无数的挫折,但没关系,跌倒了自己爬起来,为自己的梦想而前进,毕竟前途是自己创造出来的。

5. 努力的人蕴藏着无限的潜能

蓝思科技所以选择在 3 月 18 日这天正式登陆创业板,很大一部分原因是源于掌门人周群飞的创业情结。

因为 1993 年 3 月 18 日,她在黄田(现在宝安国际机场附近)租下了一套三室一厅的"农民房",干起了自己最熟悉的表面玻璃印刷。

说印刷厂太抬举它了,其实就是一个家庭作坊。促使周群飞下定决心搞作坊的,是她的堂姐。

"起先也没想过一定要自己创业。当时我在行业里有点小名气,知道我离职后,有人想请我。可堂姐跟我说:'你给任何人打工都只是打工,还是要受气,要不然我们一起干!你发得出工资就发,发不出我们就跟着你!'"

创业的资本是她的"私房钱",港币两万余元。"我也留了点心眼——平时挣的工资全给爸爸了,加班费自己存着,其实那时我也开了间时装店。"

起步虽艰苦,但年轻人们对未来却满怀憧憬。三房一厅这么安排:

房间做宿舍，女孩子住大房间、上下铺，男孩子睡小房间；客厅做印刷、包装车间；厨房做食堂。

做的还是丝网印刷的老本行，当时买了一块大铝板，切割后加工成几台手动印刷机，自己拉订单，自己做生产。这支创业团队一直在这家"公司"坚持了4年。

"当时创业的时候就只能带着家人。若你去请别人，（要考虑）你能不能把工资发给他，能不能每个月都发得出去。"周群飞说。

1994年，郑俊龙加入，他负责买材料、接单、送货；周群飞哥哥帮忙做工装夹具；姐夫负责镀膜；姐姐负责包装和成品检验；堂妹分工丝印和质量检验。一大家每天忙到凌晨两三点。

慢慢地，周群飞的家庭"小作坊"站稳了脚跟。1997年金融风暴的时候，因为有些客户付不起货款以及代工费，周群飞就要求他们用一些旧的设备来抵债，然后逐渐形成了自己完整的手表玻璃生产线。

在此期间，周群飞与前老板杨达成结婚生女。王君骐说，杨达成在事业上确实给过周群飞不少帮助。

1997年的亚洲金融危机给周群飞的家庭作坊带来了直接的冲击，她发现自己原本就回收艰难的货款更加没着落了。

付不起加工费，他们就把一些旧设备折价给她。为了维持"公司"运转，她唯有被动接受。"只能是把设备拉回来，整修翻新。去香港的旺角去买轴承、波条，靠一个双肩包背回来。"

"那次有女儿陪我去，在旺角车站红绿灯跟前——以前我瘦，背着包真是很重很重，可那一会儿我突然感觉背包轻了！我以为是包底磨破、东西掉了，赶紧转头看，发现——是女儿用双手托住了背包！"

20世纪90年代末，周群飞的女儿还是个瘦弱的小孩子，她在红绿灯前用尽全力的举动，深深地烙印在周群飞的脑海里。"我一定要改变现状，要让家人过上更好的生活！"

生命本身就是一个奇迹，每个人的心中都蕴藏着无限的潜能；只要用心去做，一切皆有可能。这种潜能从你一诞生到这个世界，就蕴藏在你的身上。把无穷的潜能作为自己成长的坚强后盾，每个人都能在思考中卓越成长，实现人生的远大抱负。

美国著名心理学家陆歌·赫胥勒指出："编撰20世纪人类历史的时候，可以这样写：我们最大的悲剧不是恐怖的地震，不是连年战争，甚至不是原子弹投向日本广岛，而是千千万万的人活着然后死去，却从未意识到存在于他自身的人类从未开发的巨大潜能。"

也许你不相信，但人具有无限的潜能是无可否认的。这种潜能可用"冰山理论"来形容。即海面上漂浮着一座冰山，阳光之下，其色皑皑，颇为壮观。

其实真正壮观的景色不在海面之上，而在海面之下，与浮出水面上的那部分相比，沉浸在海面下的部分是它的五倍、十倍，甚至上百倍。

而从某种意义上来说，我们人类的历史，又何尝不是一部将"不可能"化为"可能"的进程？

不是吗？在巨轮诞生之前，又有几人相信人类能够在惊涛骇浪中轻松漫步？在航天飞机穿越云海之前，又有几人相信人类能够在太空遨游？在网络问世之前，又有几人相信地球真的能够成为一个小小的村落……然而，一代代人执着的追求，最终将梦想化为了现实。

真知灼见

我们每个人都有无限的潜能和创造力，而这个创造力可以无止境地运用于我们生活中的每个角落，它可以在家庭生活、事业发展、个人成长等多方面彰显。

第二章

机遇只会垂青有心的人

机遇面前人人平等，有心者捷足先登。任何机遇的垂青，都不是平白无故的，表面看来似乎偶然，但实际有其必然规律在。主观上要有执着追求的欲望，才会积极去寻觅机遇，发现机遇，一旦机遇哪怕是偶然显现，都会紧紧抓住，锲而不舍。

1. 成功是辛酸和汗水结成的果实

1993年3月18日,周群飞至今清晰地记得这个日子。

独立门户,并不容易。原来周群飞打工的企业专接外贸单,当她离开时,这家企业"严令"她不能接外贸单。

"其实,那时我没有外贸资质,只能接内销的单。有人说我当时跟这家企业抢客户,纯属虚构。"

慢慢地,周群飞在行业内站稳了脚跟,生意一天一天好起来,公司发展到几十名员工。

"虽然辛苦,但利润可观:印刷一片玻璃,可得1.5元代工费,一个人一天可印7000片。"此时的周群飞,初尝创业成功的甜蜜。

看到这个行业利润丰厚,很多加工厂挤了进来;同时,上下游产业链上的企业不断洗牌,给周群飞的公司带来较大冲击。"一些客户上半年合作得好好的,下半年就不见了踪影,很多货款收不回。"

1997年，亚洲金融危机席卷而来。恰恰是这场危机，给了周群飞发展机遇。"港台的一些客户付不起加工费，便将他们的旧设备抵债给我。这些设备，正是手表玻璃加工产业链上的重要设备。"

周群飞抓住了这个难得的机会，再出资购买了几台研磨机、仿形机，在宝安区另找了个小厂房，将玻璃切割、修边、抛光、丝印、镀膜等工艺打通，形成手表玻璃完整的生产线。

周群飞也从单纯为手表玻璃进行丝网印刷，"升级"为手表玻璃供应商。随着国内钟表业的兴起，周群飞的玻璃表壳生意越来越好，在行业内有了名气。

世间事无大小，总要有人去做。成功都是由许多辛酸和汗水所结成的果实。成功并不是一时的，它的关键是靠平时的准备与辛勤开垦。

有的人凭着吃苦耐劳的精神，在平凡的岗位上做出了不平凡的业绩；有的人手里捧着"金饭碗"，却需要向别人讨饭吃。个中差别，值得我们慢慢去品味。

日本广为传颂着一个动人的小故事：许多年前，一个妙龄少女来到东京帝国酒店当服务员。这是她涉世之初的第一份工作，也就是说她将在这里正式步入社会，迈出她人生第一步。因此她很激动，暗下决心：一定要好好干！但她绝没想到：上司安排她洗厕所！

洗厕所！实话实说没人爱干，何况她从未干过粗重的活儿，细皮嫩肉，喜爱洁净，干得了吗？洗厕所时在视觉上、嗅觉上以及体力上都会使她难以承受，心理暗示的作用更是使她忍受不了。

当她用自己白皙细嫩的手拿着抹布伸向马桶时，胃里立马"造反"，翻江倒海，恶心得几乎呕吐却又呕吐不出来，太难受了。而上司对她的工作质量要求特高，高得骇人：必须把马桶抹洗得光洁如新！

她当然明白"光洁如新"的含义是什么，她当然更知道自己不适应洗厕所这一工作，真的难以实现"光洁如新"这一高标准的质量要求。

因此，她陷入困惑、苦恼之中，也哭过鼻子。这时，她面临着这人生第一步怎样走下去的抉择：是继续干下去，还是另谋职业？

继续干下去——太难了！另谋职业——知难而退？人生之路岂有退堂鼓可打？她不甘心这样败下阵来，因为她想起了自己初来时曾下的决心：人生第一步一定要走好，马虎不得。

正在此关键时刻，同单位一位前辈及时地出现在她的面前，他帮她摆脱了困惑、苦恼，帮她迈好这人生第一步，更重要的是帮她认清了人生路应该如何走。但他并没有用空洞理论去说教，只是亲自做个样子给她看了一遍。

首先，他一遍遍地抹洗着马桶，直到抹洗得光洁如新；然后，他从马桶里盛了一杯水，一饮而尽喝了下去！竟然毫不勉强。

实际行动胜过万语千言，他不用一言一语就告诉了少女一个极为朴素、极为简单的真理：光洁如新，要点在于"新"，新则不脏，因为不会有人认为新马桶脏，也因为新马桶中的水是不脏的，是可以喝的。

反过来讲，只有马桶中的水达到可以喝的洁净程度，才算是把马桶抹洗得"光洁如新"了，而这一点已被证明可以办得到。

同时，他送给她一个含蓄的、富有深意的微笑，送给她一束关注的、鼓励的目光。这已经够用了，因为她早已激动得几乎不能自持，从身体到灵魂都在震颤。

她目瞪口呆，热泪盈眶，恍然大悟，如梦初醒！她痛下决心："就算一生洗厕所，也要做一名洗厕所最出色的人！"

从此，她成为一个全新振奋的人；从此，她的工作质量也达到了那位前辈的高水平，当然她也多次喝过厕水，为了检验自己的自信心，为了证实自己的工作质量，也为了强化自己的敬业心。

至此，她很漂亮地迈好了人生的第一步，并且踏上了成功之路，开始了她不断走向成功的人生历程。

几十年光阴一瞬而过，后来她成为日本政府的主要官员——邮政大臣。她的名字叫野田圣子。

野田圣子坚定不移的人生信念，表现为她强烈的敬业心："就算一生洗厕所，也要做一名洗厕所最出色的人。"

这一点就是她成功的奥秘之所在；这一点使她几十年来一直奋进在成功路上；这一点使她拥有了成功的人生，使她成为幸运的成功者、成功的幸运者。

常开飞，43岁，顾桥镇樊庙村人。现任安徽省长城物业管理有限公司上海分公司总经理、上海申淮清洁服务有限公司法人代表兼总经理。谈及创业经历，常开飞一路走来的百般甘苦，只有他本人才能体会到。

20个世纪80年代末，当时只有十几岁的常开飞就在老家顾桥街上的"顾桥饭店"里打工了，开始时，他只是一名服务员。

由于他是个有心人，每次厨师炒菜时，他都注意观察，通过暗暗学习，掌握了烹饪技术；后来，他在顾桥饭店里当了几个月的厨师。

为了圆更大的梦，常开飞又前往芜湖谋求发展的机会，刚到一个陌生的城市，他也是彷徨不前，在街头独自徘徊的他，看到街边炒板栗的生意火爆，就站在摊边观其配方、炒法过程，并用心记下，一个晚上便被他看出了门道。

随后，他也干起了板栗生意。那时，他和初中同学、现任上海淮商实业发展有限公司董事长的樊西堂经常保持联系，两人不管谁回到家乡时，都去看望对方的父母，在来往频繁中樊西堂了解到老同学创业之艰辛，就邀请他到上海共同发展。

当时常开飞由于在芜湖打拼劳累过度身体不太好，回到家乡静养身体。在静养身体期间他的妻子张士华看到家里父母亲为了这个家劳心劳苦、不分白昼辛苦地工作，再加上丈夫的身体又不好，毅然决定只身一人到上海务工。

2001 年常开飞待身体恢复些后，决定到上海与妻子汇合。由于自己有烹饪的技能，常开飞应聘到上海市人民广场的一个饭店里工作，一个月只有 400 元的收入。

由于他居住的宿舍离上班的饭店远，每天早上 5 点他就起床赶第一班地铁，坐 40 分钟才能到达工作地点；白天一天便扎根在饭店，晚上直到 10 点多才能下班，再坐地铁回到宿舍休息，每天的休息时间仅有 5 个小时左右。

虽然饱尝了生活的艰辛，可常开飞的干劲很大，他坚信，自己总有一天会在大上海闯出一番天地。

2002 年，常开飞的老同学樊西堂打电话让他过去做拆除工程的生意。常开飞是个能吃苦、有心学习的人，在管理的过程中，常开飞摸懂了一套拆除工程的细节及技巧，很快就得到同学及客服的认可。

成功总是垂青那些"有心人"。随着樊西堂项目扩展，常开飞又担起了申淮清洁服务有限公司的重任，当时公司也只有 30 多人，管理层由樊西堂、常开飞以及樊西堂的妻子叶文秀三个人担任。

从小在农村长大的常开飞天生就有着吃苦的精神，虽然身为公司的管理层，可他除了管理，每次在项目管理及操作上，他都带头舍下身子去做。

当时公司承接美国连锁超市"乐购大卖场"业务，身为公司高层管理者的常开飞在项目上驻地一个多月，带领员工一起工作，他的敬业精神和团队的协作理念，得到乐购方领导的认可，很快乐购连锁超市的保洁服务项目从2家发展到18家，涉及上海及上海周边江浙一带。

2003年"非典"期间，公司正赶上承接了一个工期为3个月的工程项目。每天，常开飞都要在凌晨二、三点钟才能下班，住的是四个人合租的房子。

还有一次，公司承接了外滩一个项目，为了确保工程质量，常开飞每天都要坐公交车去现场把关，从起点上车一直睡到终点；由于身体素质差，常开飞发烧了，可是他跑到家乡人在上海开的诊所里打了几瓶吊水后，就奔往项目处去了。

由于是"非典"期间，每天进入项目区的人都要量体温，为了按期完成工作，常开飞和项目负责人说好话，让他们为自己开"绿灯"，也就是他进入项目区时不用量体温。当得知常开飞带病工作时，樊西堂非常感动，及时劝慰他去诊治。

也正是因为有这种吃苦敬业的精神，常开飞在负责保洁的同时，又担起工程拆除的项目。从 400 元每月的工资开始，到如今每年收入 300 多万元。

"是老同学樊西堂为我搭建的这个好平台，也是纯洁互鼓的友谊在支撑着我们一直走到今天！他对我的是一份信任，凭着这份信任，我也要帮他守好这份业！"常开飞深情地说。

真知灼见

看见别人上台领奖，亲述成功的心路历程时，不要只是羡慕，应该体悟到别人在成功的背后所付出的代价。成功都是由许多辛酸和汗水所结成的果实。成功并不是一时的，它的关键是靠平时的准备与辛勤开垦。

2. 天下没有任何成就是偶然的

正如《增广贤文》中所说：黄河尚有澄清日，岂可人无得运时。机遇，总会垂青那些不断努力的人。

2000年随着模拟手机的逐步兴起，通过一位做职业经理人的朋友，周群飞有了涉足手机视窗玻璃的加工生产的机会。一次偶然的聚餐，给周群飞的事业拓展出一片全新天地，并由此开启了一个影响深远的产业变革——"全球玻璃视窗产业"的到来。

大约是2001年的某一天，雷地科技公司老板接到了TCL公司一批翻盖手机面板的订单。兴奋之余，雷地公司老板叫来周群飞等几个朋友聚餐。餐桌上，他将这笔生意进行分工，周群飞负责加工手机面板。

周群飞尝试将其掌握的手表玻璃工艺运用到手机面板生产上，也就是用玻璃屏取代当时流行的有机玻璃屏。

当时流行的有机玻璃屏，容易出现划痕，不耐高温、易变形，业内都在寻找新的替代品。

"最先使用我们玻璃屏的手机是TCL3188，就是韩国女星金喜善当代言人的那款。"周群飞记忆犹新。

随着 TCL 这款手机在市场走俏，国内的中兴、熊猫、康佳等品牌紧跟其后，纷纷采用玻璃屏。国际品牌中的少量高端手机也开始导入玻璃屏。

自此，手机屏幕开始全面向玻璃屏升级换代，并延伸到其他消费电子产品的视窗屏幕。

当时因为自己的生产规模不大、产能不足，担心客户不会大量采用她的产品，为了将这个市场做大，她主动将竞争对手的联系方式提供给客户。

正是她敏锐的意识和豁达的心胸使得苦苦寻找的转型方向得到了验证，从此各国内手机品牌都相继直接或间接成为了她的客户，手机视窗玻璃的订单也越做越多。

这是一个累积经验的过程，也是她逐渐转变思路的过程，这一过程持续了 3 年。转型是痛苦的，如今梳理起来，周群飞感觉有 5 道关口最难突破。

其一是资金压力：以前手表订单只有几百、几千片，产品重复性高，手机都是专用、定制且量大，需要大量周转资金。

其二是技术要求：手表的加工尺寸小、精度差，没有应力要求，需要重新开发生产设备和加工工艺。

其三是客户群：原来客户都是些小规模的工厂，直接和老板对接，手机行业都是大企业，部门多、分工细，对接起来非常辛苦。

其四是供应商：以前的供应商都是规模小、产能低，进入手机行业需重新开发、培养具备一定规模的供应链，这都是需要一个漫长、痛苦的过程。

第五是员工观念：以前的员工都是传统的师傅带徒弟模式，没有经过系统的培训，每个人过于保守，不愿意共享技术资源和经验，无法适应快速扩产的发展需求。

"大概是2003年，第一家国际品牌（手机）找到了我。"周群飞加冕"手机玻璃女王"之路从此迈出了最为关键的一步。

可那时她的公司规模很小，总共还不到1000人，客户在了解情况之后有些不放心。"他们问我一个问题：如果这产品破了，（玻璃）割到我们的总统、割到哪个明星，你们赔得起吗？"

而令这些挑剔的外商没有想到的是，周群飞偏偏是一个极其"霸蛮"的湖南女子，面对当时最为知名的国际手机巨头她并未怯场，而是打算要替自己和公司拼出一个未来。

为了得到客户认可，她三天三夜没离开工厂车间，将原材料通过离子交换法来做各种实验，不同的时间、温度、浓度，最终找到了最适合的加工参数。凭着执拗和一线生产多年的经验，周群飞终于成功地达到了客户设置的标准。

"我们的样品从一个特定的高度范围内自由跌落不会破碎，超过某一高度范围跌落虽然可能破碎，但破碎以后也不会伤人！"至今她还保持着那份成功的喜悦，"当时在这个行业内，我们第一个达到了外商跌落测试的要求。"

她的"跨界"思维也在关键时候发挥了重要作用。在摩托罗拉V3手机风靡市场时，正是周群飞通过结合手表玻璃镀膜、印刷的技术，完美解决了这款手机视窗玻璃面板印刷油墨较易脱落的问题。从此，她和她的产品得到了市场认可，"蓝思"已经不再默默无闻。

不过，真正让她在业内站稳脚跟的还是后来与摩托罗拉的深度合作。由于其产品质量过硬，愿意投入研发，对方主动联系周群飞要求她把公司全部的产能都给摩托。

但周群飞并没有这么做，她不能把所有鸡蛋放在一个篮子里，而是继续增加投资、扩大生产规模，一手抓出口、一手搞内销。

因为摩托V3的成功，诺基亚、三星等国际知名品牌也都相继成了她的客户，全球首款智能手机也选择了与蓝思合作。没过多久蓝思便成为了深圳100强纳税大户。

如今，蓝思科技早已非当年吴下阿蒙。任何一个投资者只要敲开F10，都能看到它那令人称叹的市场占有率和业绩。

从1993年举家创业，到2003年艰难转型，再到如今成功上市，周群飞从不放弃、追求完美的性格始终是其事业发展最充沛的驱动力。

天下没有任何成就是偶然的，只不过一般人只看到别人的成功而往往忽略了背后长期的努力和付出，而用运气好或是其他理由来加以解释，因而相较自己的表现"时运不济"就成了失败的最佳借口。

1958年，一个叫钟彬娴的中国籍女孩出生在加拿大东部的城市多伦多。小学四年级的时候，这个女孩非常渴望拥有一盒包含有120色的画笔。

父母看得出来她对画笔的那份渴求，于是就和她达成一个协议：如果你的考试能够全得A，我们就给你买一套！为了得到那套画笔，小彬娴一直把自己关在房间里温习功课，什么生日派对，什么网球比赛，她统统置之不理。

到了年底的时候，小彬娴终于交了一份写满"A"的成绩单给父母，如愿以偿地得到了自己梦寐以求的120色画笔。

20岁的时候，钟彬娴从美国普林斯顿大学的英国文学专业毕业了。很快，她就进入布鲁明百货公司上班，成为一名最基层的售货员。

凭借着自己的努力和对工作的一腔热情，12年之后，钟彬娴就开始负责起公司所有的女装业务。

34岁时，钟彬娴与比她年长15岁的布鲁明百货公司CEO麦克·古尔德结婚了。为了避嫌，在结婚后的第二年，钟彬娴就辞职离开了这个公司，并着手寻找另一个新的企业。

在选择再就业的过程当中，雅芳作为生产化妆品的百年老店获得了一直从事女装业务的钟彬娴的青睐。她很快就加入了雅芳。

在钟彬娴刚刚加入雅芳不久，她与CEO吉姆曾有过一次会面。那一次，钟彬娴去他的办公室里汇报工作时，看到一块装饰板上印着四个足印：猿猴、男人的光脚、男式皮鞋和一只高跟鞋。

上面还带有一个题词：这是领导权的演变！不经意间，吉姆对钟彬娴说过这样的话："我完全相信，在未来的10年，一定会有一位女性来领导雅芳！"听完CEO的这番话，钟彬娴的内心澎湃极了，她在自己的心里深深地埋下一个梦想。

仅仅一年的时间，钟彬娴就凭借着丰富的管理经验和卓越的能力成为了雅芳公司的领导核心之一。在接下来的日子里，她的职场生涯一直都是顺风顺水。

1997年，CEO吉姆打算退休了，钟彬娴和其他两个人成为了雅芳CEO的候选人。这个时候的钟彬娴已经是雅芳的COO（首席运营官），负责雅芳的很多事务，并被业界人士所熟知。可以说，她已经在美国企业界放射出相当惊人的光芒。

可是，杰出的表现和外界的肯定仍然敌不过女性在职场中的劣势。一直觉得自己是CEO最合适人选的钟彬娴最终还是与这个职位擦肩而过了：另外一个名叫查尔斯·佩林的男性担任了新CEO的职务！董事会选择查尔斯·佩林的原因就在于：雅芳的百年历史上不曾有过一名女性CEO！

董事会的这次决定，给了钟彬娴很大的冲击。在她绝望的时候，很多其他企业代表纷纷上门来找过她，都想聘请她担任他们的CEO。

面对这样挫折之后的盛情邀请，钟彬娴在痛苦挣扎之后，面带微笑一一回绝了："名称、头衔比不上我对雅芳的热情！"

正是这种热情，钟彬娴一直默默地坚持下来了。

1999年，雅芳面遭遇了一场危机：股票一落千丈！到了11月，公司第四季度的销售和盈利急剧下滑，股票猛跌了50%！之后不久，首席执行官查尔斯·佩林引咎辞职了，雅芳陷入了生死攸关的时刻，董事会不得不物色另一个CEO人选。他们想起了钟彬娴。

钟彬娴得知董事会要她临危授命带动雅芳的时候，她没有丝毫怨言，挑起了这个重担。由于之前钟彬娴在企业界声名好，再加上她对雅芳进行的种种改革，雅芳的危机很快就化解了，并逐步走向成熟。

当这场危机结束的时候,钟彬娴忍不住来到前 CEO 吉姆坐过的那个办公室里。看着墙上的那四个足印,她觉得吉姆的那句话犹如在耳,他肯定不知道,当初在听过这话之后,钟彬娴曾定下这样一个梦想:要成为雅芳百年历史上的首任女性 CEO!

钟彬娴接任雅芳 CEO 的时候,只有 40 岁。在谈到自己成功带领雅芳走过艰难困境之后取得成功时,她说:"我始终忘不了小学四年级的那件事情,父母亲早早地就在我的脑海里灌输了要坚持梦想、追求完美的信念!"

就是这种执着的坚持,钟彬娴终于实现了深埋多年的梦想!

真知灼见

大多时候,人生在世目睹的一切成败荣辱,表面上仿佛都是偶然之机遇促成的,却都有其必然的铺垫。我们倘若可以执偶然之果,找寻必然之因,人生之路就会愈加清晰,不复迷失。

3. 获得成功就要有战胜困难的勇气

2003年,周群飞以技术和设备入股与人合伙,在深圳成立蓝思科技公司,专注手机防护视窗玻璃的研发、生产和销售。

"蓝思",其实是"镜片"英语单词"lens"的谐音,周群飞解释:"取这个名字,也成就了我。外国客商在网上一搜'lens',就会跳出蓝思科技公司。"

然而,视窗玻璃这条路起步并不顺。

第一年,一切在摸索中,工作相当辛苦,市场前景并不明朗,效益也不理想。一年后,合伙人将200万投资全部撤回。

而恰好在此时,摩托罗拉手机主动找到蓝思科技,要求采购蓝思科技生产的玻璃屏。

作为国际知名品牌,摩托罗拉对零部件配套标准要求较严。要求蓝思科技的玻璃屏,在一定高度自由跌落后不会破碎;手机在使用中,如果玻璃破碎不会伤人。

"改善玻璃性能，无外乎合理调配离子交换配方，精准掌握溶剂浓度、离子交换的温度和时间。"周群飞根据自己在玻璃加工行业积累的经验，与技术人员经过3天3夜的反复实验，终于做出了样品。

摩托罗拉采购总监打来电话，希望与蓝思科技合作，"蓝思科技的产能全部给摩托罗拉。"幸福来得有点太突然。"我自己都不敢相信能攀上这么大客户。"

其时，蓝思科技要吃下这种大品牌的订单，真还有点心虚。"企业没有懂英语的人才，资金压力很大，产能压力也大。"周群飞回忆当时的情景，"但容不得我犹豫，对方只要求我说'YES or NO'"。

岂料，订单刚接下，麻烦也来了。

生产手机屏的玻璃原料，是当时一家规模很小的日本企业。而这家日本企业与蓝思科技的竞争对手私交甚好，"他们两家想联手卡我。"

当时摩托罗拉货要得急，合作伙伴也撤资了。日本客商要求先打款再发货。无奈之下，周群飞只得将自家房子贱卖，用来交货款、发工资。

"最可恼的是，日本客商收了钱仍然不发货。"眼看着交货期临近，而原料还没着落，周群飞急了，追到香港找日本客商"救急"。

"无论怎么请求，日本客商就是不答应，脸上还露出怪怪的笑。"

这么多年过去了，那一幕在周群飞脑海中仍挥之不去。

"房子贱卖后家没有了；原材料断供，工厂也办不下去了。可客户正坐在工厂等货，员工也盼着我带回好消息。当时在香港红磡火车站，有那么一瞬间我真想跳轨算了。"就在周群飞极度无助时，正好接到女儿的电话，"妈妈，你什么时候回家吃饭？"

"猛然间，我醒悟过来。我是一个孩子的母亲、是丈夫的妻子、是上千名员工的老板，我必须回去！"二话不说，周群飞毅然踏上回深圳的火车。

如何弄到玻璃原料，得赶紧想招。她尝试通过朋友，转弯抹角从日本客商和竞争对手那里花高价买来原材料。但材料买进有限、价格又高，解决不了根本问题。

情急之下，蓝思科技从瑞士弄到了另外一种玻璃原材料，可以替代订单中所要求使用的面板材料。但这种玻璃必须通过客户认证才能使用。

走投无路之下，不懂英文的周群飞赶紧起草了一份中文邮件，发给摩托罗拉中国大陆代表寻求支持。她在信中将企业目前遇到的困难、替代材料、需要获得的帮助等，一五一十解释清楚，恳请"同舟共济"。

这封"网上鸡毛信"，邮件名标注为"LS119"。周群飞解释，

"119"是火警电话,这封邮件就是"蓝思求救"的信号。

"用过摩托罗拉手机的用户应该有印象,那款配有'哈啰,摩托'来电语音的,正是使用蓝思科技玻璃面板的手机。"周群飞笑着说。

很快,众多国际知名手机品牌纷纷找上门来,选择与蓝思科技合作。蓝思科技由此逐步从国产手机面板市场退出来,专注于国外大品牌。

如今,知名国际品牌占到蓝思科技销售收入八成以上。蓝思科技的事业由此步入阳光明媚的春天。

要成功并不容易。想要获得成功就得要有战胜困难挫折的勇气和信心。鉴真大师刚刚遁入空门时,寺里的住持让他做了谁都不愿做的行脚僧。

有一天,日已三竿了,鉴真依旧大睡不起。住持很奇怪,推开鉴真的房门,见床边堆了一大堆破破烂烂的瓦鞋。

住持叫醒鉴真问:"你今天不外出化缘,堆这么一堆破瓦鞋做什么?"鉴真打了个哈欠说:"别人一年一双瓦鞋都穿不破,我刚剃度一年多,就穿烂了这么多的鞋子。"

住持一听就明白了,微微一笑说:"昨天夜里落了一场雨,你随我到寺前的路上走走看看吧。"寺前是一段黄土坡,由于刚下过雨,路面泥泞不堪。

住持拍着鉴真的肩膀说:"你是愿意做一天和尚撞一天钟,还是想做一个能光大佛法的名僧?"鉴真答:"想做名僧!"

住持捻须一笑:"你昨天是否在这条路上走过?"鉴真说:"当然。"

住持问:"你能找到自己的脚印吗?"

鉴真十分不解地说:"昨天这路又干又硬,哪能找到自己的脚印?"

住持又笑笑说:"如果今天我们在这路上走一趟,你能找到你的脚印吗?"鉴真说:"当然能了。"

住持听了,微笑着拍拍鉴真的肩说:"泥泞的路才能留下脚印,世上芸芸众生莫不如此啊。那些一生碌碌无为的人,不经历风雨,就像一双脚踩在又平又硬的大路上,什么也没有留下。"鉴真恍然大悟。

是啊,只有那些在风雨中走过的人们,才知道痛苦和快乐究竟意味着什么。那泥泞中留下的两行印迹,就证明着他们的价值。

生物学家说,飞蛾在由蛹变茧时,翅膀萎缩,十分柔软;在破茧而出时,必须要经过一番痛苦的挣扎,身体中的体液才能流到翅膀上去,翅膀才能坚韧有力,才能支持它在空中飞翔。

一天有个人凑巧看到树上有一只茧蠕动,好像有蛾要从里面破茧而出,于是他饶有兴趣地准备见识一下由蛹变蛾的过程。

但随着时间一点点过去,他变得不耐烦了,只见蛹在茧里奋力挣扎，将茧扭来扭去的，但却一直不能挣脱茧的束缚，似乎是再也不可能破茧而出了。

最后，他的耐心用尽，就用一把小剪刀，把茧上的丝剪了一个小洞，让蛾摆脱束缚容易一些。果然，不一会儿，蛾就从茧里很容易地爬了出来，但是它身体非常臃肿，翅膀也异常萎缩，耷拉在两边伸展不起来。

他等着蛾飞起来，但那只蛾却只是跌跌撞撞地爬着，怎么也飞不起来，又过了一会儿，它就死了。

"不经历风雨，怎能见彩虹"，任何一种本领的获得都要经由艰苦的磨炼，"梅花香自苦寒来，宝剑锋从磨砺出。"任何投机取巧或妄图减少奋斗而达到目的的做法都是拔苗助长般愚蠢的行为，那只飞不起来的飞蛾的经历就证明了这一切。

任何香甜的果实，都是勇士战胜艰难险阻，用自己的血汗浇灌的。我国第一部纪传体史书《史记》，就是司马迁在遭受宫刑之后，身心受到极度摧残的情况下完成的。

而荣获世界五连冠的中国女排更是经历了一次次失败的考验，通过严格训练和顽强拼搏，才赢得了世界的瞩目。

现在有许多青年都在谈论人生。然而，他们对人生旅途的坎坷和曲折却往往估计不足，常常天真地把人生之路看得像机场跑道一样平坦笔直、像公园的小径一样到处盛开着鲜花。

所以，当他们在前进的道路上遇到了困难和挫折时，便悲观迷惘彷徨。在人生的旅途上总是欢乐与悲伤并存，顺利与挫折交错，顺心和失意重叠。

特别是那些有作为的人，在前进的道路上，常常是先有"山重水复疑无路"的逆境，几经奋斗，才迎来了"柳暗花明又一村"的坦途。

真知灼见

所有人都热爱成功，把它视为生命中的一部分，可是，成功有试金石——困难，同样值得好好珍惜，挑战困难，才使灵魂变得坚强。

4. 面对挫折永不退缩终能成功

随着客户和订单的增加,在深圳租赁的厂房和产能已不能满足不断扩大的产品需求。

蓝思科技的客户基本上是国外客商,特别依赖便捷的交通。在长沙和周边地区跑了一大圈后,离机场较近的浏阳生物医药产业园,进入了周群飞的视野。

2006年,蓝思科技开始在浏阳经济技术开发区建厂,并于2009年投产。周群飞随后注册成立蓝思科技股份有限公司,并将蓝思科技总部放在浏阳。

浏阳经济开发区管委会招商合作局局长王大辉,11年前曾接待过周群飞寻址时的考察。他说,周群飞极为低调,当时来看园区时,还背着个大旅行包,穿着一条泛白的牛仔裤,怎么看都不像一个大老板。

"准备来浏阳发展时,很多朋友为我捏了一把汗,认为蓝思科技在内地难以发展起来。"周群飞介绍，主要是缺乏配套企业；从供应商到客户，很多人不熟悉湖南，不知道浏阳。

为此，一有机会，周群飞就拿着资料，推介湖南、介绍浏阳，想方设法说服客商、供应商来湘创业。

就这样，紧随蓝思科技，一家家的配套供应商来了。目前，与蓝思科技配套的1200家供应商中，绝大部分已在湘设厂，没有设厂的也设立了办事机构。

至于周群飞为何不在老家湘乡设厂，据一位在湘乡市政府工作多年的人士透露，当时湘乡市政府领导觉得周群飞不是一个大老板，看走了眼。

不过，湘乡市招商局局长杨锋锴说，当时湘乡经济技术开发区刚刚起步，配套设施还跟不上来，而且园区定位也不明晰。

那时湘乡也是希望周群飞来投资设厂，但条件不允许。虽然浏阳经开区配套也差，但浏阳经开区背靠长沙，有很好的服务保障和机场运输优势。

浏阳经开区是于1997年在一片荒地里建起来的，东距浏阳市区25公里，西距长沙市区35公里，之前没有任何城市依托和产业基础。

目前蓝思科技6家工厂中，浏阳经开区工厂面积最大，达到342.4万平方米，设计用工5万人。2014年，蓝思科技浏阳工厂一年给浏阳带来了15亿元的财政收入和5万人的就业岗位，气得湘乡市政府差点吐血。

浏阳经济开发区管委会提供一份数据显示，在园区落户的236家企业中，蓝思科技是唯一一家年产值上百亿元的企业。可做对比的是，2014年，湘乡市经开区落户企业175家，总产值为226.64亿元。

蓝思科技属于劳动力密集行业，密集的务工人员还带动了周边村镇服务业的发展。距蓝思科技最近的洞阳镇房价已高达三四千元，而长沙市平均房价为5200多元。

洞阳镇政府办一名工作人员透露，洞阳镇户籍人口有3.9万人，而流动人口就达到2万到3万人，而这些流动人口几乎都是蓝思科技的员工。

在浏阳的人多半都知道蓝思科技，而且还知道蓝思科技工资待遇不错，但就是累。

蓝思科技浏阳工厂机器全天24小时运作，工人也分成白班和夜班两班。闲时工人做六休一，忙时做十三休一。工作日8个小时属于正常上班时间，加班的3个小时工资是基本工资的1.5倍。周末全天属加班时间，工资是基本工资的2倍。

蓝思科技基本工资在1800—2200元，如果一个月考勤全满，加班时间也足够多，工资一般可以达到四五千元，做四五年的老员工，工资可以拿到七八千元。

这对深处内地的湖南浏阳当地人来说，还是有很大诱惑力的。在蓝思科技浏阳厂门口，每天都能看到有很多人前去面试，但也有人在离职。

周群飞很多老乡和亲戚也在其厂里打工。不过，周群飞并不任人唯亲。周群飞婶婶的儿媳妇就在蓝思科技长沙工厂打工了3年，目前做的还是基层的活，曾因嫌累而想辞工。周群飞婶婶的儿子也给周群飞打过工，因为累和不自由，现在赋闲在家。

另外，为让员工方便上班，蓝思科技还免费提供宿舍，上下铺的四张床可以住8个人，但一般不会住满。每间宿舍都有一个独立卫生间，而且提供免费洗衣服务，但不能烧饭，所以很多员工要花300—500元租住在周边村镇。

"要让员工信服你，不是靠洗脑，要真正关爱员工，把员工当家人，员工才把企业当家。"周群飞说，创业以来，从没拖欠过员工的工资。

"远看天堂，近看银行，走进机房。"一位员工这样评价蓝思科技浏阳工厂，"但为了赚钱，你就需要像机器一样不停加班、工作。"

蓝思科技所有宿舍楼，不管楼道，还是窗户，都装有铁丝网。内部员工说，这是为了防止员工精神不稳定跳楼，毕竟每天11个小时的工作量还是很大的，不是一直坐着，就是一直站着。

几年下来，蓝思科技的事业在湖南得到飞速发展，产品从手机玻璃面板向平板电脑、手提电脑、台式电脑等系列消费类电子产品延伸。凭借着雄厚的研发实力，蓝思科技也从最初的"代工"、"产品协同开发"，跨越到"主导产品研发"。

如今，蓝思科技已成为全球触控功能玻璃面板最大的供应商。2014年占到全球50%以上的市场份额，营业收入逾140亿元，净利润11.8亿多元，员工发展到8万多人。周群飞也成了当之无愧的"全球手机玻璃女王"。

人生道路当中，困难就像一座山挡在路中间，阻挡我们的去路。不同的人有不同的选择。知难而退的人：看了调头就跑；半途而废的人：爬山爬到一半就不爬了。

面对挫折，永不退缩的人：这些人不怕累，结果爬上了山顶，看到了山后面的世界。

真知灼见

做任何事情，只要我们具有"面对挫折，永不退缩"的精神，就一定会战胜困难，取得最终的胜利！

5. 机遇总是垂青于有准备的人

熟悉周群飞的人都知道,她是一个对技术研发极其痴迷的人,甚至不惜暂时牺牲公司的经营业绩。据统计,蓝思科技2014年利润为10亿元,而研发投入就高达9亿元。2015年上半年的研发支出,比2014年同期增长38%。

蓝思科技的企业LOGO,也体现了她对技术的执着。该标志被设计成椭圆形,周群飞的解释是:"当时钟表行业都是用手工或者半自动设备,可以做圆的产品,也可以做方的,唯独做不了椭圆,要做外观像手机的印刷或者镀膜效果,对位都对不准。所以椭圆代表着一种技术上的追求。"

对于周群飞从澳亚光学偷技术一说,王君骐解释称,当时澳亚光学一直做的是手表玻璃,并没有手机玻璃和电脑玻璃。

周群飞在单干后一直注重招收高科技人才,舍得在科研上面投入,她相信必须要在技术方面赶超别人才能赢得大客户。

至于如何能揽入智能手机巨头苹果做客户，王君骐说，这也是一个偶然的机会。当时周群飞在深圳建厂已有一段时间，已形成一定规模，而彼时苹果的订单也都是给某知名代工厂做，但那一次代工厂做不出苹果要求的产品，而周群飞却做出来了，之后苹果就与周群飞签订了长期合同，之后订单越来越多。

在2014年的"三八"妇女节报告会上，周群飞说："这20多年，我不是一路直上的，经过了许多坎坷，在我的创业过程中，我两次把我的房子都卖掉了，给我的员工发工资。"

周群飞称自己是典型的湘乡妹子性格，吃得苦、霸得蛮、耐得烦，在困难面前不会轻易低头。大家认为她根本不像个女孩子，都称她"飞哥"。"我很喜欢这个称呼，我的微信号就叫'飞哥'。"周群飞说。

机会总是留给有准备的人是一个必然规律，这一必然规律体现了"必然"与"偶然"的内在联系，机会是"偶然"，有准备是"必然"，有准备才有机会，没有准备就没有机会，既有准备又遇到了机会，成功也就成了"必然"，因为机会只光顾有准备的人。

厚积薄发，30多年的辛苦努力与付出取得了今天的辉煌成就，周群飞的成功是必然的。机会总是垂青于有准备的人，这种准备周群飞用了30多年的努力与辛苦。

机遇就像一粒种子，当遇上肥沃的土地就会茁壮成长，长出粗壮的枝条，开出鲜艳的花朵，结出丰硕的果实。

"要是每天都能吃饱该多好！"40多年前，甘肃天水县一个身材瘦小的农村孩子揣的是这样一个憧憬。20年后，这个孩子大学毕业，到河北廊坊原石油部管道局经济改革研究室工作，吃上了公家饭。

他，就是潘石屹。不少人对这个一时风光无限的地产大佬充满了好奇：从暴穷到暴富，他是怎么赚钱的？

1992年辞职下海到海南淘金的潘石屹，和冯仑等几个人创立了万通公司，但起步艰难，他们只好成天混迹于海口的街边排档、沙滩浴场。

在海南穷困潦倒地游荡了几年之后，潘石屹决定北上。一个偶然的机会，在怀柔县政府食堂吃饭的潘石屹，无意中听旁桌的人讲，北京市给了怀柔几个定向募集资金的股份制公司指标，但没人愿意做。潘石屹抓住了这个机会，并一举攫取了数亿元的利润。

后来，潘石屹用这部分资金开发了万通新世界广场，单单是正式销售的5天内，就收回了5亿港元资金，就连帮他做销售的香港利达行老板邓智仁，都赚了1亿港元佣金。

1994年4月，潘石屹认识了在华尔街高盛银行工作的张欣，同年10月两人结婚。1995年9月，潘石屹离开万通，与妻子创办红石实业，随后开创出 SOHO 中国的大局面。

纵观潘石屹崛起的十几年时间,中国正处于取消福利分房,而转向商业地产的飞速起步阶段。当然,机遇是很多人都能碰到的,但潘石屹能有今天的成功,不得不说机遇总是垂青他这样有准备的人。

真知灼见

机遇就像一粒种子,当遇上肥沃的土地就会茁壮成长,长出粗壮的枝条,开出鲜艳的花朵,结出丰硕的果实。

第三章

心胸是被委屈和痛苦撑大的

成功者说：让自己停止烦躁，学会适应一切逆境，因为逆境是成功的阶梯，痛苦和委屈是人生最宝贵的经历。一个人的心胸和格局也都是被痛苦和委屈给撑大的。而当挫折不期而遇时，只有敢于直面挫折，并努力战胜它的人才能到达成功的彼岸。

1. 人的胸怀是被委屈撑大的

如今再谈创业点滴，或有慨叹，但更多的是感恩。周群飞常说：胸怀是被委屈撑大的。哪怕在蓝思科技成功上市之后，仍有流言蜚语漫天飞扬，仍有来自明里暗里的各种中伤在伏击着她。"谣言止于智者。那不认识我的人，听信谣言的人，我解释也没有用，也没有那个必要性。"

在她眼中，最重要的是来自家人和伙伴们坚定的支持。"先生在我的心目中是非常高大上的，很内敛的，风光的时候不会跟我去争风光。我难受的时候，他永远是我精神上的支柱。"

也的确如此，周群飞的丈夫郑俊龙既是她生活中相濡以沫的爱人，也是她创业路上同甘共苦的战友。

"我过去性子也是比较急的，但两个人在一起生活、做事业，性格不能表现得完全一样，总归有人需要做出一些改变，这样才能配合好。"郑俊龙这样描述他眼中的"女强人"妻子，"她是受了很多委屈的，有些细节不是常人能够想象的。"

正是因为彼此共同的担当和信任，他们才有了共同享受成功喜悦的这一刻。周群飞坦率地说："我看到网上有些评论——其实之前没时间看，晚上2点多起来，认认真真把各家媒体对蓝思、对个人的报道、评论都读了，觉得太不可思议，太偏离事实了，你说不在乎？绝对是假的，我的心胸有多大也容不下诽谤自己、诬蔑自己的话。但事实他们已经写了，我也只能笑对人生。先生也鼓励我说：'不要理会闲言碎语，用有限的时间去做我们更有意义的事情。'"

是的，对周群飞而言，创业才是更有意义的事情，送给大家一个更加强大、更加辉煌的蓝思才是最有意义的事情。

著名企业家马云在央视二套《赢在中国》点评时说："男人的胸怀是委屈撑大的。委屈再大莫过《天龙八部》中的乔峰，冤枉再大莫过《笑傲江湖》中的令狐冲。"在电视剧《贞观长歌》中，李世民说："我们兵不比人家多，将不比人家强，这些年能打败颉利，靠的是什么？靠的就是胸怀。"那么，人的胸怀是从哪里来的呢？人的胸怀是被委屈撑大的。以李世民为例，他忍受了颉利的几次敲诈勒索，颉利的20万铁骑南下，兵锋直逼长安。

李世民为了保全大唐，倾府库之财而退敌。他忍了，知耻而更勇，内抚民以静，外养马强兵，终于将大唐的旗帜插到了颉利的大帐。

夷男也是一般人忍无可忍的，可李世民忍了，因为决战的时刻还没有到来。魏征的大不敬，他也忍了。如此多的委屈，让他练就了大海般宽阔的胸怀，成就了天地般壮阔的霸业。

1999年6月18日，北京微软（中国）有限公司总经理吴士宏女士出于个人原因将辞去微软（中国）有限公司总经理的职务。微软中国公司表示虽然她的离去是公司的一大损失，但对她的决定和意愿表示尊重。

吴士宏当年就职时的宣言言犹在耳，"我选择微软，是因为它正迎合了我的梦想：要么把中国公司做到国际上去，要么把国际公司做到中国来。微软恰恰把执掌中国业务的金印托付给了我。同时，微软公司那种生生不息的创新拼搏精神、浓厚的危机感和我的个性也有某种深层的契合吧。"

而今日她又做了"一个不容易的决定"。"我很高兴能最终做出决定去做事业和生活中另外一些也很重要的事情。我很珍视自1998年2月加入微软（中国）有限公司以来所担任的领导职务，更感激难得的机会与众多优秀人才相识、共事。这一切都给我留下了难忘的记忆。"

吴女士"舍弃"梦想自有原因，而她几个月后何去何从还是个未解的谜，在业内人士仰首关注之际，我们先来看看这位"打工皇后"的奋斗历程：

在内心我无法丈量自己与这道门的间距，虽然我足足站了5分钟，观察那些各种肤色的人如何从容地迈上台阶，毫无闪失地踱进转门，进入到另一种世界。

这是五星级标准的长城饭店，它像西方小说里盛装的贵妇人，辉煌而傲慢，而我则要穿过它的转门，去谋求一份职业。

那是1985年，我有充足的理由要走进这扇转门。为了离开原来毫无生气甚至满足不了温饱的护士职业，我凭着一台收音机，花了1年半时间学完了许国璋英语3年的课程。我一直守候着机遇的到来。

我鼓足勇气，穿过那威严的转门和内心的召唤，走进了世界最大的信息产业公司IBM公司的北京办事处。面试像一面筛子。两轮的笔试和一次口试，我都顺利地滤过了严密的网眼。最后主考官问我会不会打字，我条件反射地说：会！

"那么你一分钟能打多少？"

"您的要求是多少？"

主考官说了一个标准，我马上承诺说我可以。因为我环视四周，发觉考场里没有一台打字机，果然，主考官说下次录取时再加试打字。

实际上我从未摸过打字机。面试结束，我飞也似地跑回去，向亲友借了170元买了一台打字机，没日没夜地敲打了一星期，双手疲乏得连吃饭都拿不住筷子。

我竟奇迹般地敲出了专业打字员的水平，以后好几个月我才还清了这笔不少的债务，而IBM公司却一直没有考我的打字功夫。

我就这样成了这家世界著名企业的一个最普通的员工。

在IBM工作的最早的日子里，我扮演的是一个卑微的角色，沏茶倒水，打扫卫生，完全是脑袋以下肢体的劳作。

我曾感到非常自卑，连触摸心目中的高科技象征的传真机都是一种奢望，我仅仅为身处这个安全而又解决温饱的环境而感宽慰。

然而这种内心的平衡很快被打破了，有一次我推着平板车买办公用品回来，被门卫拦在大楼门口，故意要检查我的外企工作证。

我没有证件，于是僵持在门口，进进出出的人们投来的都是异样的眼光，我内心充满了屈辱，但却无法宣泄，我暗暗发誓："这种日子不会久的，绝不允许别人把我拦在任何门外。"

还有一件事重创过我敏感的心，有个香港女职员，资格很老，她动辄驱使别人替她做事，我自然成了她驱使的对象。

有天她满脸阴云，冲我过来："Juliet（我的英文名），如果你要想喝咖啡请告诉我！"我惊诧之余满头雾水，不知所云，她劈脸喊到："如果你要喝我的咖啡，麻烦你每次把盖子盖好！"

我恍然大悟，她把我当作经常偷喝她咖啡的毛贼了，这是人格的污辱，我顿时浑身颤栗，像头愤怒的狮子，把内心的压抑彻底地爆发了出来。

事后我对自己说：有朝一日，我要有能力去管理公司里的任何人，无论是外国人还是香港人。

自卑可以像一座大山把人压倒而让你永远沉默，也可以像推进器产生强大的动力。我想着要改变现状，把自我从最底处带领出来。

我每天比别人多花6个小时用于工作和学习，于是，在同一批聘用者中，我第一个做了业务代表。接着，同样的付出又使我第一批成为本土的经理，然后又成为第一批去美国本部作战略研究的人。最后，我又第一个成为IBM华南区的总经理。这就是多付出的回报。

比别人先走一步，能创造一种好心境。日本有位成功的企业家，每天早起半小时，上班先走一步，避开上班的高峰。

每次他坐在公共汽车上，车厢里空空荡荡，没有上班高峰时那种沙丁鱼罐头般的窒息感，他呼吸着清新的空气，迎着晨风观看街头人生百态，内心充满了愉悦。

他不仅每天比别人多做一些，而且舒畅的心情也带来了充沛的精力和创造力。在我内心，始终有着深重的危机感，如果不先走一步，就意味着被人领先。

在别人眼里我很成功，然而我的内心曾长期徘徊在脆弱地带，甚至有时在挫折面前几近崩溃。我曾看到一位作家谈自尊，认为首先要接受自己，对自己负责，完善自己，做真实的自我。我发现自卑的成因源自不接受自己，没有对自己真正负责。

这种自卑跌宕起伏，曾经无处不在。当同事被提升时，我心有嫉妒；当自己成为"英雄"站在表彰台上时，因同事比我多了几百元奖金心中不服。

我在嘴上说，我不是在乎这几百元钱，然而我在乎的是什么呢？我把别人对我的认可程度局限于几百元钱所代表的价值上，这又比仅仅是在乎几百元钱的境界高出了多少呢？

追求表面层次的认可，使我把成功尺度摆设在别人的眼里，我内心的天平经常受制于别人的评价摆荡不已。

在IBM华南区工作期间，我面临的挑战是：既要极力开拓这片新的市场领地，又要对 200 多位员工的成长负责。

在这个大家庭里，我开始从一群员工身上看到自己的成就和理想。那狭隘的自我也被渐渐挤出。在离开 IBM 华南区的时候，我已克服了自卑的心理，获得了充分的自尊。

1997 年初，当我回到北京 IBM 总部时，许多朋友都困惑不解：偌大的"南天王"不做，却还要读什么书（当时我准备到美国学习一段时间）？

在公司里，昔日追随"南天王"的亲热也化为寒蝉，甚至有人和我擦肩而过也视若无人。这种事如果发生在昔日，我肯定又要愤怒了。然而现在我却可以轻松地去面对。我已经能够平衡自己的内心。

我确实想修整一下，去美国攻读 MBA 高级研修班，这已不是为拿文凭争口气的心态，而是希望养精蓄锐向更高的目标出击。

当我收到美国的机票，准备 8 月 15 日的开学之时，父母亲的双双大病使我在事业与亲情间经受了一次重大考验。我每天奔走在两个医院，往返于城市与郊区，而风烛残年的父母却没有很快康复的迹象。

我非常想出去读书，甚至有次心头闪出这样的念头：难道你们就不能晚两个月生病吗？

我被自己的闪念吓了一跳。我一直以为自己是个好人，当事业与亲情交锋之时，我竟然想推卸责任，难道我是在想，2个月后，我已经在美国了，你们再病我也可以不管了。

是这样吗？我竟沦落为这类人了吗？好人是成功的基本条件。当时父亲已在弥留之际，母亲得了老年痴呆症。终于，我决定留下来，埋葬自己的梦想，每天陪伴着父母。

在父亲最后的生命时光里，尽管他已不能启口说话，但我却一直能够与他交流。我身边的人都不相信，他们认为我是由于伤心过度精神出了问题。

然而我却知道父亲一直在挽留我。这是心与心、灵与灵之间的默默传递。后来我才明白父亲的苦心，他在冥冥中留住我，是想为我展示一片新的人生霞光。

1998年2月5日，经历了5个多月的双向选择，我把签字协议传真到微软公司总部的时候，我如梦初醒地发现，原来父亲要我留下做更大的事，这正是我想做的事啊！

我在微软公司的上司对我说：你就是为微软生的。微软公司虚席以待，"微软（中国）公司总经理"这一职位为我等了将近半年。而我选择微软，是因为它正迎合了我的梦想：要么把中国公司做到国际上去，要么把国际公司做到中国来。

微软恰恰把执掌中国业务的金印托付给了我。同时，微软公司那种生生不息的创新拼搏精神、浓厚的危机感和我的个性也有某种深层的契合吧。

人没有野心终不能成大事。微软和中国给了我广阔的天空，我又想张开羽翎，让风声在耳边回响，再次超越自我，去迎接绚丽的梦想：把微软（中国）做成"中国的软件企业"，为中国软件业写下丰盛的一页。

真知灼见

人的一生，有点困难、挫折，甚至打击，真的不一定是坏事，不经历过，就不知道自己有多大的承受力尤其是潜力；不经历过，也许很难让你不断地成长和走向成熟。有时候，它还会是你成功的垫脚石。

2. 放弃就是失败，坚持就能胜利

周群飞不辞劳苦，不言放弃。到 2000 年左右，她的工厂已经在行业内做得小有名气，也接触到了业内越来越多的大型公司。

可是，此时的她内心却极其焦虑，渴望转型。当时的珠三角集中了全世界一半以上的钟表行业产能，相关配套加工企业发展如日中天，好不容易有了起色的周群飞为何不能安于现状呢？

确实，当时珠三角的钟表行业配套加工企业数量极其庞大，所以也良莠不齐。对周群飞这样的创业者而言，自己除了要精研生产工艺、赶超同业对手，还不得不面临最劳神费力的工作——追讨货款。

"整整 3 年过春节，我和先生都没回过老家。"并非他们不孝顺，而是春节是追讨货款的敏感期。当时有一部分小微企业主临近年关便开始"搬家"，连人带厂玩消失，拖欠其供应商的货款往往也不了了之。

为此，周群飞和丈夫也是创业伙伴郑俊龙必须在春节期间四处奔走，一路追访那些拖欠货款的老板们。

"利润非常的微薄，一个月几十万的生意额度，客户却又百来家。每天晚上我跟先生都要自己开车去送货，每个月为了给员工发工资都要收几十家的货款。曾经有两次客户赖帐，我们只能把自己的房子卖掉换钱来给员工发工资……"

与收货款时的追踪与反追踪、侦察与反侦察相比，推销的艰难程度亦毫不逊色。

当时互联网不普及，除了翻黄页寻找客户之外，周群飞只能用最土的办法去找米下锅，"找那些表壳厂、手表厂，一家一家去拜访。跟以前推销保险的方式有点类似，就走进每一幢工业大厦去敲门。有时候有可能有一条狼狗在你面前对着你吠，有可能就是保安员非常大声地吼：'滚开'！"

周群飞说她是个自尊心非常强的人，虽然从小家境不好，但她的父亲、奶奶都很宠爱她。"那时出门拜访客户时，往往在敲门之前要想几套方案，如果人家拒绝的话我还能怎么说。"周群飞说自己现在不太懂得拒绝别人，"因为我那时被拒绝得太多了，太痛苦了。"

俗语说"功到自然成"。按理说那些失败者完全可以尝到胜利的喜悦，但他们往往缺少一种胜利的必要条件，那就是坚持。

"成功是什么我不知道,但我知道放弃就是失败。"抱着这一信念做生意的南京人田远这样说,虽然她开的美容店目前不赚钱,但是却因此体会到创业的酸甜苦辣,她要一直做下去。

田小姐是南京人,原在一国有企业担任会计师,企业改制后,她下岗了。虽然没有任何做生意的经验,但她不想在家闲着浪费光阴,于是想到了创业。

田小姐的一个朋友是开美容院的,而她自己也对美容比较感兴趣,于是她将自己的创业目标锁定在开美容店上。

有了创业想法后,她报名学习美容,在课堂上学到的知识回家后勤加练习,有时甚至把父母、亲戚朋友的脸当成了"试验田"。

如今,她顺利通过了劳动部门的考试,获得中级美容师证书,美容、美体、美甲成了她的拿手项目。田小姐的父母都在事业单位上班,家里没有做生意的经验,虽然如此,父母对她创业开美容店非常支持。

唯一一个有意见的便是她爱人,因为他觉得田小姐没有做生意的意识和圈子,也没有外向的性格,生怕做不成,但是在田小姐的坚持下,也不再有反对之声。就这样,田小姐开始张罗着选址等相关事情。

选门面是创业中最为重要的一点,如果没有好的门面,人气不旺就很难成功创业。在选址上,田远费了番工夫,跟转让的人谈,与房东谈,然后装修、买设备、进货、招员工,所有大大小小的事,都由她一手操办。

最终她选择了南京鱼市街附近的一个店面，面积 50 平方米左右，在前期投资上，包括转让费、装修等费用一共花了 10 多万元。

这其中，最让她引以为豪的就是店门口的横幅，都是自己选图，字体设计也是自己想出来的。田小姐的妈妈对她说，通过这次创业前期的准备和各项工作，就算赚不到多少钱，至少也学了不少东西。

记者了解到，田小姐的美容店，开业的第一个月，销售额就达到 15000 元，比她的预期要好一些。田远说，开业的时候，因为搞促销活动，年卡只需要 500 元就能购得，吸引不少人气，培养了一群忠实的顾客。

因为在田小姐的美容店附近，也有几家中小型的美容店，所以尽管区域不大，但竞争还挺激烈。因此，开业初期，田小姐带着员工到附近的写字楼、居民楼去派发宣传单，每天都要跑一栋楼，力争让附近所有的人知道又开了一家美容店。

田小姐告诉记者："我们的宣传单上印着凭此卡免费体验一次，可是也许人们是被鱼龙混杂的'设套'的美容美发店搞怕了，总以为免费一定会找各种理由来收费，因此上门体验的客人不多。"

她说，一次有一位顾客到店里做完美容后，感觉不错，就问要多少钱。结果店里的员工告诉她是免费的，她不相信，连问了几次，甚至最后推门走的时候还很疑惑。对此，田小姐真是哭笑不得。

为了揽客，她向附近的银行、企业等单位发免费的月卡，除此之外，逢年过节时还给客人发个短信问候，客人生日时送个小礼物等，让顾客有亲切感。

田远说，前期的一些利益损失就当是广告费，顾客感觉好的话就能带来新的客源，现在，店里的顾客每个月都在增多。

据了解，开业四五个月了，美容店的营业额只够支付水电、房租、人员工资，基本持平，不赚钱。有时候田远也有些犹豫，认为不挣钱人干活又累，有过转让的想法。

但是想想，做美容店是个长期的过程，一年之内收支能平衡就算是成功了，况且现在才做了四五个月。如果放弃就彻底失败了，于是，她选择了坚持。

现在田小姐满脑子想的尽是店里的事情。闲暇时她爱看美容广告，看看竞争对手又搞什么优惠活动了，要不要跟上，这样做需要多少成本，能不能赚钱。

小店虽然是营业了，但是人手的缺乏和工作不稳定性让她头疼，有时员工才工作不久就又跳槽了，开业四五个月来，店里前后换了10多个员工。

为了培养美容师，田小姐甚至牺牲自己的脸让学徒们练习。她相信人和人之间都是相互的，无论是员工还是顾客，只要真诚待人，总会有好的回报。

坚持就能胜利，田小姐相信，要把自己想到的、能做的都做到，这就是她创业的信念。

真知灼见

对于坚持，我们应该深信不疑。因为坚持的过程，是对我们毅力的一种考验，也是我们成功的必经历程。

3. 困境中更需要的是自信

坚如磐石的女子，也有过"想不开"的瞬间。在周群飞超过20年的创业历程中，最为难熬的时刻也正是出现在与摩托罗拉合作那会儿。

由于V3手机十分畅销，竞争对手看到小小的蓝思竟然能够享受如此巨大的利润，而他们因为几项技术瓶颈达不到客户要求，未能得到客户认证，就联合日本原材料供应商及香港代理卡住了蓝思的原材料供应，意欲逼迫客户认证其供应商资格。

原材料突然被无情终止供应，而预付的货款又是用唯一的房子抵押贷来的，和客户签下的巨额订单正在陷入违约的风险。

每个人的一生总有一些重要的时刻。这些时刻之所以重要，是因为在这些短短的瞬间，往往会决定一个人以后的道路乃至成就大小。

自信心往往可以产生你想象不到的力量，就像一种我们看不到的气场。当一个女人拥有了自信，整个人就会焕发出不同一般的光彩。勇气使你无所畏惧，自信让你勇往直前。

有一个孤儿，向高僧请教如何获得幸福，高僧指着块陋石说："你把它拿到集市去，但无论谁要买这块石头你都不要卖。"

孤儿来到集市卖石头，第一天、第二天无人问津，第三天有人来询问。第四天，石头已经能卖到一个很好的价钱了。

高僧又说："你把石头拿到石器交易市场去卖。"第一天、第二天人们视而不见，第三天，有人围过来问，以后的几天，石头的价格已被抬得高出了石器的价格。高僧又说："你再把石头拿到珠宝市场去卖……"

你可以想象得到，又出现了那种情况，甚至于到了最后，石头的价格已经比珠宝的价格还要高了。

其实世上人与物皆如此，如果你认定自己是一个不起眼的陋石，那么你可能永远只是一块陋石；如果你坚信自己是一块无价的宝石，那么你可能就是一块宝石。

每个人的本性中都隐藏着信心，高僧其实就是在挖掘孤儿的信心和潜力。

信心是一股巨大的力量，只要有一点点信心就可能产生神奇的效果。信心是人生最珍贵的宝藏之一，它可以使你免于失望；使你丢掉那些不知从何而来的黯淡的念头；使你有勇气去面对艰苦的人生。

相反，如果丧失了这种信心，则是一件非常可悲的事情。你的前途之门似乎关闭了，它使你看不见远景，对一切都漠不关心，使你误以为自己已经不可救药了。

信心是人的一种本能，天下没有一种力量可以和它相提并论。所以，有信心的人，也会遭遇挫折危难，但他不会灰心丧气。

自信使你能够感觉到自己的能力，其作用是其他任何东西都无法替代的。坚持自己的理念，有信心依照计划行事的人，比一遇到挫折就放弃的人更具优势。

有一位顶尖的保险业务经理，要求所有的业务员，每天早上出门工作之前，先在镜子前面用5分钟的时间看着自己，并且对自己说："你是最棒的保险业务员，今天你就要证明这一点，明天也是如此，一直都是如此。"经过这位业务经理的安排，每一位业务员的丈夫或妻子，在他们的爱人出门工作之前，都以这一段话向他们告别："你是最棒的业务员，今天你就要证明这一点。"

人是为了信心——一种有深度需要的信心而生的，我们一旦失去了信心，就违背了自己的本性，一切都不敢肯定，人生就没有根了。

命运永远掌握在强者手中，也许你曾经失去过，但失去后，你学会了珍惜；也许你曾失败过，但失败后，你学会了坚强；你也许相貌平平，也许一无所长，但你不应该自卑。

也许在某方面你存在着惊人的潜力，只是你并没有发觉罢了。正视自己，更深层地挖掘潜力，相信天生我材必有用，是金子就一定会发光。

你不应该抱怨，你也没有理由抱怨命运，你所遇到的困难与挫折都是命运对你的一种考验。

也许你并不出众，但平凡也是一种美，不被世间的功名利禄所累，知足常乐，要乐观地去面对生活中的每一天，不论快乐或悲伤，人生能有几回合，春去秋来，花谢花开，干吗自寻烦恼，虚度光阴呢？

河流是永远不会高出源头的。人生事业之成功，亦必有其源头，而这个源头，就是梦想与自信。不管你的天赋怎样高，能力怎样大，知识水平怎样高，你的事业上的成就，总不会高过你的自信。正如一句名言所说："他能够，是因为他认为自己能够；他不能够，是因为他认为自己不能够。"

有一次，一个兵士从前线归来，将战报递呈给拿破仑。因为路上赶得太急促，所以他的坐骑在还没有到达拿破仑那里时，就倒地气绝了。拿破仑看完战报后立刻下一手谕，交给这个兵士，叫他骑自己的坐骑火速赶回前线。

兵士看看那匹雄壮的坐骑及它华丽的马鞍，不觉脱口说："不，将军，对于我这样一个平凡的士兵，这坐骑是太高贵太好了。"

在这世界上，有许多人，他们总以为别人所有的种种幸福是不属于他们的，以为他们是不配有的，以为他们不能与那些命运好的人相提并论。

然而他们不明白，这样的自卑自抑、自我抹杀，将会大大减弱自己的自信心，也同样会大大减少自己成功的机会。

没有自信，便没有成功。一个获得了巨大成功的人，首先是因为他自信。有人说，自信是成功的一半，但它毕竟还不是成功的全部。

若不充分认识这一点，有一天你会连原来的一半也丧失。自信的人依靠自己的力量去实现目标；自卑的人则只有依赖侥幸去达到目的。自信者的失败是一种人生的悲壮，虽败犹荣。

当你总是在问自己：我能成功吗？这时，你还难以撷取成功的果实。当你满怀信心地对自己说：我一定能够成功。这时，人生收获的季节离你已不太遥远了。

真知灼见

自信，使不可能成为可能，使可能成为现实。不自信却使可能变成不可能。一分自信，一分成功；十分自信，十分成功。

4. 留下什么都比不上学会自立

人生于天地之间，自立自强才是人生最重要的课题。一代大教育家陶行知老先生有一首诗写得好："滴自己的血，流自己的汗，自己的事情自己干，靠天靠地靠老子，不算是好汉。"

人生最可依赖的是什么？是知识、是智慧、是汗水。人常说"靠人种地满地草，靠人盛饭一碗汤"。父母都不可能依靠一生一世，何况他人？因此，这个世界上最可靠的不是别人，而是自己。

清末封疆大吏左宗棠告老还乡，在长沙大兴土木，打算为子孙后代留下豪华府第。他总是怕工匠偷工减料，便亲自拄着拐杖到工地督工，这儿摸摸，那儿敲敲。

有位老工匠看他如此不放心，就说："大人，放心吧。我活了这么一大把年纪，在长沙城里造了不知多少府第。在我手上造的府第，从来没有倒塌过，但屋主易人却是常有的事。"左宗棠听后，不觉满面羞愧，叹息而去。

同为名臣，林则徐在对待儿孙的问题上就要开明得多。他曾说："子孙若我，要钱干什么？贤而多财，则损其志；子孙不若我，要钱做什么？愚而多财，益增其过。"为子女留下财富，不如留下更多的知识，后代不一定能保留住财富，但须用知识去创造财富。

由此可见，财富是宝贵的，但比财富更宝贵的是知识、能力。

所以聪明的你应该明白，与其留下财富还不如留下知识，使后人学会自立。不要以为你离开了某人就活不下去！只有自立之人，才会有拯救自己的方法。

古希腊神话中有这样一个故事：

宙斯之子赫拉克勒斯小时候，曾碰到过两位女神，一个叫美德女神，一个叫恶德女神。恶德女神对他说："孩子，跟我走吧！包你有享不完的荣华富贵！你要什么，我一定会满足你！"

美德女神对他说："孩子，跟我走吧！我将教会你如何勇往直前！而你也必将在战胜艰险的过程中变得坚强无比！"

赫拉克勒斯想了想，毅然跟定了美德女神。这以后，他果然出生入死，在战胜无数毒蛇猛兽的过程中变得刚强无比，为人类屡建奇功，成了希腊神话中首屈一指的最了不起的英雄！而且，正是因为这个，他才娶了青春女神——成了青春女神的丈夫！

真佩服古希腊人的深刻和深刻的古希腊人，原来，"要什么就有什么"非但不是什么幸福，而且恰恰是一种恶！反之，只有自觉地挑战磨难，才是人生最理智的选择！

要什么有什么的安乐生活可以让人获得感官上的舒适，却不会让你在能力、才华、品德等生命力方面有任何收获。

"天行健，君子以自强不息。"客观世界不断地向前发展，社会不断地前进，因此有志者必须不断地自强，不断地更新自己。

正如文天祥所说："君子之所以进者，无法，天行而已矣。"

前苏联火箭之父齐奥尔科夫斯基10岁时，染上了猩红热，持续几天的高烧，引起了严重的并发症，使他几乎完全丧失了听觉，成了半聋。

他默默地承受着孩子们的讥笑和无法继续上学的痛苦。他的父亲是个守林员，整天到处奔走。因此教他读书写字的担子就落到妈妈身上。

通过妈妈耐心细致的讲解和循循善诱的辅导，他进步得很快。可是当他正在充满信心地自学时，母亲却患病去世了，这突如其来的打击，使他陷入了极大的痛苦。

他不明白，生活的道路为什么这么难？为什么这么多的不幸都落到了他的头上？他今后该怎么办？父亲抚摸着他的头说："孩子！要有志气，靠自己的努力走下去。"是啊！学校不收、别人嘲弄，今后只有靠自己了！

年幼的齐奥尔科夫斯基从此开始了真正的自学道路。他从小学课本、中学课本一直读到大学课本，自学了物理、化学、微积分、解析几何等课程。

这样，一个耳聋的人，一个没有受过任何教授指导的人，一个从未进过中学和高等学府的人，由于始终如一的勤奋自学、刻苦钻研，终于使自己成了一个学识渊博的科学家，为火箭技术和星际航行奠定了理论基础。

真知灼见

想要依靠别人来获取幸福是不现实的，那只能使你的前途一片暗淡；路再远，再荆棘载途，只要自己去走，勇敢地去披荆斩棘，就一定能走到目的地。

5. 创业靠实力不能仅靠关系

公司上市前夜的答谢宴上,张贺文见到了不一样的周群飞,"我跟她开玩笑,说你头发终于搞得让我能看得下去,很多人看上市时的照片说她并不漂亮,我觉得那还是收拾得好的时候,因为她就是在一线工作。"

交往11年,张贺文几乎没见到周群飞参加酒局、牌局等,两人吃饭,经常是在附近的小饭馆,甚至是路边摊。

作为企业家,周群飞几乎不遵循"送礼攀关系"的潜规则。张贺文对此深有感触,他说周群飞讲规则。

浏阳市政府一位官员称,周群飞与政府的关系始终是"君子之交淡如水",在公司发展壮大前,很多需要协调的问题,都靠管委会工作人员斡旋。

在接受《湖南日报》采访时,周群飞曾总结自己的经验,"办企业不要去刻意迎合当地政府的领导"。

不交际,让周群飞的蓝思在湖南有时会遇到"协调不够"的困难,张贺文曾回忆,那几年,自己几乎变成了周群飞身边的"政委"。

之前接受《新京报》采访时，张贺文曾回忆，蓝思科技有数不清的工程和采购，周群飞全都坚持要按公开透明的招投标流程走，就算是食堂每天需要采购的100头猪，都要按市场竞标方式来。

因为始终与政府官员保持适当的距离，周群飞不喝酒、不交际的风格，也逐渐被湖南官场熟知和接受。

随着蓝思的壮大，长沙市有领导将蓝思定位为高科技产业的领军企业。前任长沙市市长张剑飞，曾因蓝思一个项目凌晨4点赶到浏阳指示工作，对企业的重视程度可见一斑。

对于创业者来说，广泛的社会资源与良好的社会关系可以促进成功，所以，关系对于创业能否成功还是比较重要的。

但是，很多创业者在这里存在很大误区，认为关系就完全决定了创业的成败。事实上，如果过分依赖关系而忽略了企业内在品质的提高，那么创业者终将失败，因为关系不是企业的核心竞争力，关系随时会不存在。

阿里巴巴创始人马云在中央电视台《赢在中国》栏目上这样曾说："我没有关系，也没有钱，我是凭着自己扎扎实实的努力，逐渐走向成功的一端的。我相信关系特别不可靠，也不能凭关系，做生意不能凭小聪明，做生意最重要的是你明白客户需要什么，实实在在地创造价值，坚持下去。"

马云在选择自己的创业环境上的决定，也充分体现了成功创业不能靠关系的观点。

事实上，在阿里巴巴的发展过程中，上海和广东的两位省级一把手都对马云寄予了足够的关注，这样的关系好像可以让马云得到足够的好处，但马云却看得非常清楚，因为马云知道"关系最不可靠"。

其实，马云曾把公司总部放在上海，他在淮海路租了一个很大的办公室，装扮得很漂亮，心里也觉得可以利用一些关系来发展阿里巴巴。结果那年他特别累心，招聘不到企业发展所需的专业人才。最后，马云决定从上海撤离，先是选定了北京，最后觉得还是回杭州好。

马云说，感觉当时上海"怕我们这样的创新公司"，"因为上海比较喜欢跨国公司，上海喜欢世界500强，只要是世界500强就有发展，但是如果是民营企业刚刚开始创业，最好别来上海"。让马云感受比较深刻的是，在上海人看来"我们都是乡下人"。

马云开始产生对关系的不信任，还源于另一件事。1996年初，中国黄页正面临着资金匮乏、资源匮乏、信息匮乏的困扰，曾经一度马云都没有钱给员工发工资。

处于内外夹击中的中国黄页，为了活下去，马云决定找一个靠山，所以就与杭州电信合作。1996年3月，中国黄页将资产折合成60万人民币，占30%的股份；杭州电信投入资金140万人民币，占70%的股份。

但不久双方就出现了分歧，马云的战略目标是打造中国的雅虎，为此制定了一系列品牌培育策略，而杭州电信却急于赚钱。

几个月后，双方矛盾日益加深，马云提出的所有经营方案几乎都被大股东否决。再也无法忍受的马云，为了保住中国黄页，愤然提出辞职。

事实上，关系不是生产力。商业的最终目的就是要得到利润，如果创业者不能给合作伙伴带来利润，那么创业者和合作伙伴的关系也就形同虚设，毫无价值。

马云一直强调："不要相信关系，世界上最靠不住的就是关系，你需要做的就是保证对你的客户的真诚度和满意度。要想创业成功，踏踏实实地经营企业。"良好的社会关系可以助你一臂之力，但那绝不是你可以完全依赖的因素。

真知灼见

作为企业，实力才是决定企业成败的关键。事实上，过分依赖关系而忽略了企业内在品质的提高，那么创业者终将失败，因为关系不是企业的核心竞争力，关系随时会不存在。

第四章

高调做事低调做人的智慧

人也须拥有高调做事的魄力，有了高标准才能高屋建瓴，有了高目标才能高瞻远瞩，有了高要求才能高歌猛进，有了高姿态才能高义薄云，有了高志向才能高视阔步。在行为上要低调，才大不可气粗，居高不可自傲；在姿态上要低调，不锋芒毕露，不恃才傲物才是作人的大智慧。

1. 有一种智慧叫低调

"讲原则",成了周群飞能够与国际品牌长期合作的重要的原因。

王萍则对周群飞的"讲原则"别有感悟。有一年,周群飞的姐姐家有婚事,蓝思科技的几个高管驱车赶来,想给周董一个惊喜,她却拉长了脸,"她当时很生气,问他们公司的事情处理完了没有,为什么要离开岗位。"

她有自己的管理哲学。一个流传很广的故事,创业初期,遇到客户赖账,为了能给员工发工资,只能被迫卖掉自己的房子。"这些员工才是我的财富,房子没了可以再买,好的员工是买不回来的。"她曾如此向王萍解释。

张贺文说,周群飞打造出来的团队凝聚力非常高,"周群飞穿着工作服跟大家一起吃食堂,大家非常认可她。"这位出门打工的湘妹子,至今仍保有纯朴和执拗。

王萍说,尽管离家20多年,周群飞记得家族里很多人的生日,每个人过生日时她都会送上礼金。同学李明的父母曾帮忙照顾过周群飞的父亲,每次回乡,周群飞总要过去看望一下老人们。

上市的答谢宴上,周群飞感谢了3个人。除了帮助她在湖南立足的张贺文之外,另外两人颇让人觉得意外。

一个是相处时间不久的语文老师,"他会来家访,教我要写好作文,老师是非常赏识我,给我很多机会。"

另一个是她创业初期的投资人,尽管对方1年后就收回了资金,一度导致周群飞资金紧张。

在一次采访中,周群飞承认,尽管自己不喜欢接受采访,但仍会仔细阅读每一篇关于她的报道和言论。

其中一些让她觉得愤怒。有一则报道质疑,周群飞的成功"让家乡很失落",这让周群飞觉得很受伤,李明说:"她觉得很委屈,她很愿意为家乡做事,但是在农村,事情往往很复杂。"

对外界的评论,周群飞并非一言不发。有媒体称,周群飞15岁就出去打工了,并且只有初中文化,周群飞私下向王萍抱怨:"人总会进步的,他们说得我像个文盲,我要是不继续练功练到七八级,怎么管得了下面那么多博士啊,他们再这么说我,我要告他们诽谤。"

她为低调做出过解释:我没有高调的资本。周群飞喜欢引用父亲教她的一句话:得意时不要太得意,失意时不要太失意。

一个人应该和周围的环境相适应,适者生存。曲高者,和必寡;木秀于林,风必摧之;人浮于众,众必毁之。

只有学会低调的智慧,才能保持一颗平凡的心,才不至于被外界所左右,才能够冷静,才能够务实,这是一个人成就大事最起码的前提。

有这样一副对联,不但写得十分有趣,而且道出了低调的真谛——上联是:"做杂事兼杂学当杂家杂七杂八尤有趣",下联是:"先爬行后爬坡再爬山爬来爬去终登顶",横批是:"低调做人"。

掌控低调的智慧,把握真实的人生。在行为上要低调,财大不可气粗,居高不可自傲;在心态上要低调,不要锋芒毕露,不要恃才傲物;在姿态上要低调,大智若愚,实乃养晦之术,毛羽不丰时,要懂得让步;在言辞上要低调,说话时莫逞一时口头之快,不可伤害他人自尊,不要揭人伤疤,得意而不忘形,要知道祸从口出,没必要自惹麻烦。

埃勒曼的一生,富有但不吝啬,隐秘但不孤傲。他非常同情生活在苦难中的人,也一直是个慷慨的慈善家,通过各种各样的形式帮助病人、穷人等等。

他被誉为英国的霍华德·休斯。极其富有而又极端低调,他神秘地度过了一生。在他去世多年后,英国政府文件才揭开了这个亿万富翁的神秘面纱。他就是约翰·埃勒曼。

约翰·埃勒曼是世界上最富有的人之一,他比同时代的知名富豪更加富有,拥有《泰晤士报》《每日邮报》《金融时报》及其他几十家报社的股权,在伦敦市中心有大片房产,以及大量贸易投资。然而最出名的当属埃勒曼家族祖传下来的拥有120艘商船的航运贸易公司。

在《吉尼斯世界纪录大全》的众多版本中,埃勒曼曾一度保持着英国第一富豪的纪录。这些巨大财富绝大多数得益于他的父亲——同名的老约翰·埃勒曼1933年去世时留下的英国历史上最丰厚的遗产

——将近3700万英镑，埃勒曼得到了1800万英镑，相当于现在的40亿英镑。

然而这些数字还只是个保守的估算，因为这些遗产当时正以数倍比率在升值。这样看来，他的财富甚至可以超过印度现在的首富拉克什米·米塔尔（财富达148亿英镑），进而与世界首富比尔·盖茨相匹敌（财富达300亿英镑）。

埃勒曼的一生曾是媒体竭尽全力想要发现和报道的对象，但是埃勒曼高墙铁网保护的住宅，使他成功地隔绝于一切对他感兴趣的镜头和宣传，因此媒体称他是"无人见过的富豪"。

他的各种外出活动相当神秘和低调。如果去伦敦港口，也要挑选一个阴暗低调的日子，在警察的护卫下，迅速抵达。前往芝加哥时，虽然出现在公共场所的时间非常短暂，可是也有大量的随从人员簇拥左右，如皇家侍从般忠心护驾。

一个摄影师费了九牛二虎之力只抓拍到了一张影影绰绰的照片。在后来的日子里，偶有拍到一张他的照片者都骄傲不已，尤其报纸等媒体若是能得到此人照片可是会大大地风光一回。

埃勒曼如此神秘和低调与父亲的影响密不可分。他的父亲行为同样低调，也希望儿子不要成为众人瞩目的中心，父子俩一直坚守着个人行为的沉默低调原则，他们不想名垂历史。

历史学教授贝尔·鲁宾斯坦曾评价他们说："他们都是不平凡的人，是那个年代中最富有的人，但是他们生活得隐秘、朴实、谦虚，从不寻求政治权势，不追求公众吹捧，也不渴望名声永存。"

如果最近没有发现1929年英国财富记录的话，或许这对父子真的会消失在历史的长河中。一个档案管理员在英国国家档案馆研究资料时，发现了一叠薄薄的毫不起眼的文件，文件是一份1929年的财富排行榜。

档案记载着438位财富超过100万英镑（约合现在的2.5亿英镑）的男女富豪。排行第一的就是老约翰·埃勒曼。后来在另一份英国国民收入排名中也记载了这个财富家族的一些情况。

埃勒曼的母亲是地道的英国人，父亲是德国路德教派的后裔，拥有大量船只，是英国历史上最成功的企业家之一，也是当时唯一一个能和美国黄金时代的富豪相抗衡的英国人。

埃勒曼的童年是在父亲的严厉管教之下成长起来的：如果他不穿上正式套装，不戴礼帽，就绝不允许出门，即使去公园散步也必须如此，他从来得不到允许去看卓别林的电影，因为父亲认为那很低俗，他只能从动物展览中的小老鼠和自家阁楼里养的豪猪身上寻找安慰和童趣。

埃勒曼有个比他年长15岁的姐姐，名叫威妮·弗雷德。也许是年龄差距过大，造成了日后姐弟俩意见不和，分歧颇多，种种矛盾直到埃勒曼辞世的那一天也没能缓解。

生活在如此富有的家庭中，埃勒曼接受的是非常严格的家庭及学校教育，但是却养成了他桀骜不驯的性格。他对音乐、戏剧都有极大的热情，尤其对歌剧《吉伯特与苏利文》情有独钟，因为他认为这个歌剧讽刺了他父亲那个阶层所表现出的傲慢和虚伪。

他讨厌学校里教条式的管理，还曾写书讽刺诅咒一切学校里的恶习。他的姐姐是个浪漫主义作家，他们在创作以及生活风格上完全不同，甚至达到互不相容的地步。

埃勒曼的爱情道路并不平坦，他喜欢上了一个叫埃丝特的女子，她出身加拿大富裕家庭，是西班牙犹太人的后裔。他们在伦敦的一个剧院相识，埃勒曼被这个深色皮肤活泼可爱的女子深深吸引，两人不久就坠入爱河。

但令他沮丧和愤怒的是，父亲极力反对这门亲事，父子之间因此发生了一场激烈的争论。他和姐姐也因此开始正面的对峙，甚至大打出手，毫不留情。姐姐曾回忆说："我非常讨厌他，妈妈以前曾说他是个淘气不懂规矩的孩子，她说得太对了。"

正当埃勒曼的婚姻陷入两难境地时，老埃勒曼在1933年去世，在父亲尸骨未寒和家人反对的情况下，埃勒曼就不顾一切地和埃丝特秘密结婚了。

父亲去世以后，留下了丰厚的遗产，埃勒曼成为那个时代最富有的年轻人，同时成了家族企业的董事长。但是他把整个企业都交给了一个可信赖的顾问团来管理，自己则和身为画家的妻子全身心地投入到更惬意的活动之中。

埃勒曼潜心研究动物学，并匿名在自然历史博物馆和伦敦动物园研究学习。他非常热爱非洲，经常和妻子一起探索非洲大陆。

埃勒曼对于古代猛犸象的研究文字达1386页，对现今的啮齿动物的研究论文也有三卷之多，成为世界上最权威的啮齿动物专家之一。

妻子很支持他，在他的书中画了许多插图。

正当他专心研究动物和戏剧时，二战爆发，面对如此的社会变动，任何人都将受到巨大的影响。

二战期间，埃勒曼对国家和民族的作用不可小视，他在伦敦的住宅被用做剧院演出，为士兵鼓舞士气；他支援英国皇家海军20艘快艇。

在德国纳粹占领法国和挪威前，他曾以英国政府名义到巴黎和奥斯陆与两国元首商讨经济需求问题，他也冒着危险，带着相同目的飞往莫斯科，给苏联空运医药物资，他的集团因此被授予"飞行的医院"称号。

他还花钱帮助大量犹太人逃离纳粹德国。他憎恨纳粹，当然，纳粹也憎恨他，希特勒臭名昭著的宣传员威廉·乔伊斯一提起他就咬牙切齿，还宣传埃勒曼是个犹太人。

战后他和妻子搬到了非洲，在那里，他学习南非荷兰语，和当地人交朋友，过上了渴望已久的平静的隐居生活。

埃勒曼的一生，富有但不吝啬，隐秘但不孤傲。他非常同情生活在苦难中的人，也一直是个慷慨的慈善家，通过各种各样的形式帮助病人、穷人等等。

直到今天，埃勒曼的遗产建立起来的基金会每年向150个不同慈善机构发放400万英镑，这些机构大多在英国，还有非洲东部和南部地区也受到埃勒曼的恩泽。基金救助的范围包含健康、残疾、社会福利、艺术和环境保护等众多领域。

1973年，约翰·埃勒曼突发心脏病，匆匆告别了人间，享年63

岁，航运集团中所有船只降半旗哀悼这个慈善的隐士。而她的姐姐对弟弟的去世并没有表现出应有的痛苦，他们30年没有来往，她说他"愚蠢，只会把自己隐藏起来，对于他的死并不悲伤"。

但是其他人却不同，南非人对他很有感情，深切哀悼这个不爱露面而又有些古怪的善良的人，在埃勒曼居住的地方，人们自发前来集体为他送行，其中许多是他帮助过的残疾人朋友。

埃勒曼的骨灰被撒向了广阔的大海，死后也和生前一样平静、博大。他创办的基金会也如他本人一样毫不声张，静静地帮助着需要帮助的人。

其实埃勒曼有足够的资本和财富炫耀于世，但是他没有，和同时代的人不同，他选择了沉默，正像他所期望的，他被遗忘了，被那个他所憎恶的自私和虚荣的世界所遗忘了，而永远活在了另一个无比纯净美好的世界中。

真知灼见

低调的智慧是一种品格、一种修养、一种胸襟、一种姿态、一种风度，更是一种谋略。它代表着豁达，代表着成熟和理性，它是一种博大的胸怀、超然洒脱的态度，也是人类个性最高的境界。

2. "女首富"称号是靠实力挣来的

"女首富"这个称号是周群飞靠实力挣来的。2000年开始,周群飞通过朋友走上了生产手机视窗玻璃的道路,但始终是接国内手机的小订单。

曾任浏阳市副市长、工业园区管委会主任的张贺文曾分析,周群飞身上有很多企业家所没有的"霸气"。周群飞曾对他说:"大家都说湖南人会打仗会当官,为什么我们不能出高科技企业呢?我就是想争这口气。"

2004年,周群飞带着蓝思科技来到浏阳,接待她的是张贺文。

张贺文曾突然接到周群飞的电话,她在国外接了一个项目,要在短时间内建起厂房,请求张贺文协助。

此时,周群飞正在国外与某大公司谈判,对方要求周群飞有新的技术和车间,尽管条件并不具备,但周群飞毫不犹豫接下订单。回国后，她组织技术人员攻关，张贺文帮助把厂房盖起来，最终在规定时间内做出样品。

一位与周群飞打过交道的媒体人表示，周群飞的自信，是基于她对业务的了解，整条生产流程和行业前沿，周群飞都能娓娓道来。

而能坚持与外国大厂商合作，张贺文曾分析，更多是因为周群飞"言而有信"。

蓝思科技所能接的订单，多涉及国外某手机新型号的保密。为此，周群飞曾要求张贺文，尽可能不安排媒体采访和领导视察，就连私交甚好的张贺文，都没办法从周群飞口中撬出哪怕一句新手机的信息。

实力是翅膀，那么凭借就是风，顺风才能飞得更高更远；实力是船，那么凭借就是那健壮的水手，有好的水手才能使船划得更快。

三国蜀相诸葛亮初出茅庐时，连刘备军中都有许多怀疑他的人，在曹操、孙权等人看来更是一个"山野莽夫"，甚至有人嘲笑刘备不会用人。

而历史作证，诸葛亮后来的火烧新野、智取益州、草船借箭、三气周瑜、巧取荆州等计，以及蜀治安定后七擒孟获、六出祁山，乃至他死后军队全部安全撤退都使得他的成功成为历史长空中一颗耀眼的明星。

拥有实力才能够拥有真正的成功。大浪淘沙，淘走的是沙子，留下的是真金，实力如同奋斗者手上的那把筛子，即使一次、二次……无数次的失望，但总有一天，他能淘出真金。

哥伦布发现新大陆后，西班牙王室给他举行了盛大的庆功宴。其间，有两个贵族很不屑地说："这有什么了不起，那块大陆就在那里等着人们去发现，哥伦布只不过是运气好被他碰到了而已！"

哥伦布笑而不答，他拿出一个鸡蛋，说："请你们想办法把鸡蛋立在桌子上。"那两个人使出浑身解数都没有成功。

哥伦布只将鸡蛋轻轻往桌上一磕，蛋便立了起来，接着他说道："很多事情看上去比做上去容易，其实不然，那块大陆的确就在那里，但为了发现它，你必须熟知古代地质、航海线路、海底地形等，没有这些知识作为储备，我就不会有大胆的猜测，也就不会有发现大陆的一天了。"

的确，美洲大陆已在地球上存在了上亿年，为什么却让哥伦布发现了它的存在呢？事实证明，实力才是敲开成功大门的钥匙。

拥有实力的人即便外部条件不尽如人意，却能在黑暗与缝隙中找出成功的光亮，企业凭借运气的人即便因抓住机会而成功一次，可谁又能保证下次他会有同样的好运气？

1970年，孙红雷出生在哈尔滨。父母是普通教师，两人的工资要养活一家七口人。家里房子总共28平米，小时候的孙红雷都是睡在吊铺上的。

孙红雷至今印象深刻的是：有一次母亲想借10块钱给哥哥结婚准备彩礼，去邻居家敲了半天门人家也不肯开。年少的他觉得一家人生活得没有尊严，自此发誓一定要挣钱改变家里的生活。

父亲希望他和哥哥们一样，好好学习，读个理工科大学，找个稳定工作。少年孙红雷在中学时却常常晚上逃课去哈尔滨青年宫跳霹雳舞。

老师找家长谈话，父母才知道他喜欢跳霹雳舞。面对话不多的倔强儿子，父亲只好说，你要是能得奖，就继续跳，否则就乖乖念书。孙红雷就借了同学家的录音机，每天练习迈克尔·杰克逊的太空舞步。

1988年，在全国霹雳舞大赛中，这个初出茅庐的东北小伙子一鸣惊人，获得了二等奖。最让孙红雷高兴的是：奖品是一个电冰箱，他立刻把它卖了700多块钱，寄给妈妈。

获奖后，孙红雷加入了中国霹雳舞明星艺术团，演出一场能得100元，一个月能演三四十场，算是有了个收入不菲的正当职业。可不久后，霹雳舞渐渐不再流行，孙红雷也"失业"了。

父亲希望他回头找个正经工作，可孙红雷没有回头。当时，台湾的"小虎队"组合非常红，孙红雷如法炮制，组成了一个"小狼队"。走在娱乐前沿的他逐渐成为了哈尔滨娱乐界的"一哥"。

那时的孙红雷拿着大哥大，戴着金项链，演出不断，钱也挣得不少，却很迷茫。这一切似乎并不是他想要的。有人说，你那么喜欢演出，上北京念书学表演吧。孙红雷说自己长得太丑。人家说，姜文不也长得不好看吗。随意的一句话在他心中掀起了巨大波澜，他抱定"我比姜文长得好看"的想法，决定报考中央戏剧学院。

1995年5月22日，孙红雷带着8000块钱，到了北京准备考试。一位老师在见过他之后，很不屑地对他说："回去吧，你太胖，不适合搞表演。"

孙红雷没有被这句话打发走，他每天围着操场跑步，在闷热的房子里练芭蕾小跳，不吃饭，只吃黄瓜、西红柿、牛肉汤。剩下的时间，和其他同学一起练台词，到了半夜，自己还在楼道里念。一个月后，他减掉了36斤。

孙红雷考上了中戏表演系音乐剧班，毕业后分到了中国青年艺术剧院。在剧院，跟他合作过的演员提起他演戏，不约而同用了"玩命"这个词。

有场戏要表达"一个普通的美国家庭，当他们有一天突然有钱了，丈夫知道这笔钱是妻子出卖自己的身体得到的"时的那种情绪，孙红雷真把自己当成这个丈夫。

结果，为了这场戏竟然大病一场。1997至1999年间，孙红雷主演了4台话剧,并凭借《三毛钱歌剧》获得了话剧界最高荣誉的梅花奖。

真正让孙红雷家喻户晓的还是影视剧。在话剧院有人找过他演电影、电视剧,但他没有接。年少时已经见识过"娱乐圈"的他想有一个好的开端,在选择上比较谨慎。第一部电影他选择了张艺谋,第一部电视剧他选择了赵宝刚。

1999年,张艺谋携剧本《我的父亲母亲》找到了孙红雷。孙红雷看完剧本后非常失望——"这戏我红不了。"张艺谋说:"这部戏和你配戏的演员都是非职业的,只有你一个人是演员。如果有人认出你,你就失败了。"

听了这话,孙红雷当时有点懵,但时隔多年他很感激张艺谋,因为话剧演员演电影时常常表演痕迹过重,而张艺谋第一次让他学会了不"演"。

电视剧《永不瞑目》则让孙红雷第一次尝到了"星味"。为了这个只有67场戏的大龙套打手"建军",孙红雷等了7个小时接受面试,赵宝刚却只看了他一眼说:"你长得太憨厚,演不了这个角色。"

孙红雷有点倔,他走过去拍拍赵宝刚的肩膀说:"不用我演,你会后悔一辈子的。"赵宝刚吓了一跳,在重新审视了这个"愣头青"后,孙红雷得到了这个角色。

结果,"建军"一角给很多观众留下了深刻印象。之后,孙红雷走上了"黑道"，接连在《浮华背后》《征服》中饰演黑社会人物。

第二次合作时，赵宝刚为孙红雷量身定做了《像雾像雨又像风》里的黑社会打手阿莱，这个角色让他迅速蹿红。

从此，孙红雷凭借黑社会老大角色树立起自己在演艺界的独特地位。2005年参加威尼斯电影节，评委会主席马克·穆勒称他为"中国电影第一坏小子"，对他的表演赞不绝口。

硬汉是人们形容孙红雷用得最多的词，强悍的外表，让人们忽略了他内心也有敏感柔弱的地方。2002年接受《超级访问》采访时，谈到自己成名以前的心酸往事，孙红雷泪流满面。

2008年做客《鲁豫有约》时一场平心静气的聊天，让孙红雷又一次红了眼圈。他有些尴尬地极力掩饰，泪水还是夺眶而出。

无论是屏幕上，还是生活中，孙红雷给人印象最深的就是他身上的霸气。看着他的脸，似乎就看到了一个颇为凶险的江湖。考虑到周围人的心情，孙红雷不得不"装修"自己，不敢留寸头，还得时常戴着眼镜。

虽然长得"凶狠"，而且靠饰演黑社会老大成名，但孙红雷认为自己骨子里其实是个知识分子。生在知识分子家庭，看着欧洲古典文学长大，巴尔扎克的《人间喜剧》是他的最爱。

喜欢看大师拍的电影，喜欢听古典音乐，mp4里放的都是莫扎特、柴可夫斯基。赞美一个人、一件事，孙红雷用得最多的一个词是"干净"。

"我从十几岁就开始在所谓的娱乐圈打拼，看到过太多不干净的事情，所以非常向往干净。"饰演邱如白时，孙红雷毫不避讳地告诉周围的人，"我最迫切的是到《梅兰芳》这部电影里把自己洗干净了。我骨子里是个知识分子，虽然长了个土匪样。"

2007年，陈凯歌找到孙红雷，请他出演电影《梅兰芳》中"学贯中西"的文人邱如白一角。身边人都劝他："你还是演'大哥'合适，好不容易到今天这个位置，别再砸了。"

起初孙红雷也犹豫，但剧本里的一句台词让他决定接受挑战，那句话就是"谁毁了梅兰芳的孤单，谁就毁了梅兰芳"。这份孤单他懂得，这个角色是他最需要的。这次尝试拓宽了孙红雷内心深处表演的宽度，也让他成功转型。

接下来的《潜伏》，孙红雷更是收敛了"大哥"气场，成了低调的小知识分子余则成，平凡、生活化，又有点圆滑世故。

有了邱如白的探路，演起余则成来，孙红雷更加收放自如。邱如白和余则成这两个角色让孙红雷的父亲特别欣慰。父亲和两个哥哥都是知识分子，孙红雷经常被视为家庭的异类。看了这两部戏，父亲对孙红雷说："你是我儿子。"

从"黑社会老大"到文人邱如白、地下党员余则成，再到军人杨立青，孙红雷让观众看到了他作为演员的多种可能性。对于自己的成长，孙红雷认为是吸收了很多人的精华。他自喻为"贪婪的海绵"，一直在吸收，一直在学习别人。

成名了，孙红雷依然保持着以前的生活状态，坐地铁，坐公共汽车，在街边小吃摊吃羊肉串、喝啤酒，打桌球，每天坚持长跑一小时。

他在家里最小，性格却最倔。他觉得逝去的母亲和自己的心离得最近，有空时就回哈尔滨，到母亲的坟前坐一坐，拣高兴的事儿说给她听。

在北京时，他常喜欢回到中戏去看一看，寻找一种宁静的心境。心情不好的时候，他不爱说话，有时会叫上一帮朋友去K歌。

"我不是偶像派演员，成天要人捧，我靠实力走到现在。"孙红雷自信地说。

真知灼见

实力是翅膀，那么凭借就是风，顺风才能飞得更高更远；实力是船，那么凭借就是那健壮的水手，有好的水手才能使船划得更快。

3. iPhone视窗生产的特种玻璃女王

中国湖南，在省城长沙和县级的浏阳市之间，一片不起眼的平原丘陵地带，正在掌控全球IT业的命脉。

从这里开出的运货车一减少，全世界的手机卖场就要缺货。比如，苹果推出的iPhone4，就遇到了这个烦恼。

iPhone4推出后，订单如雪片般飞来，但苹果迷们发现，货架上唯独缺少了那款漂亮的白色iPhone4。

在上市当日，苹果发布声明，由于白色版本iPhone4的生产"遇到了预料之外的挑战"，供货需要等到7月的后半段才能实现。

而所谓的挑战，就出在这里——大洋这一边的中国浏阳市一家手机视窗玻璃生产企业身上。这家名为蓝思科技的代工企业，提供了目前市面上销售的4000万台苹果iPhone手机中的大部分视窗玻璃，成为名副其实的"隐形大王"。

由于它目前尚未完全克服手机视窗玻璃生产的难题，因而导致了白色版本iPhone4全球缺货。而在幕后运作这一切的，是一个名叫周群飞的人，一个来自湖南的神秘的"特种玻璃女王"。

浏阳，长沙国家生物产业基地，一片占地数百亩的巨型厂区，在略显荒凉的开发区中格外扎眼，那便是蓝思科技。

重型卡车一辆接一辆开进工厂，运来整箱的昂贵玻璃。这些进口自瑞士、日本的大块精密玻璃在车间里被切割、抛光、上色，最后变成苹果、诺基亚、三星的手机玻璃。

加工好的玻璃沿着穿过厂门口的高速公路，被运到18公里外的长沙黄花国际机场，在那里乘上飞机，飞往深圳、昆山，以及世界各地的手机产区。据说全世界每两片手机玻璃，就将有一块产自这里。

夜幕降临，身穿蓝领工作服的工人，成群结队地从各个车间出来，涌进大型食堂，吃起5块钱一份的辣味湘菜饭。

这些年轻产业工人下班后仍在议论着工作议题——最近又接到通知说有大客户来厂里"蹲点"，神秘的女老板周群飞天天守在厂里检查工作，让人不敢有一丝懈怠。

厂区的公告栏里，张贴着一排照片：张三头发过长，被当场拍到；李四戴戒指上班，被当场拍到；王五在走廊里打手机，被当场拍到……这像是一家生产规章十分严格的工厂。

这些大多来自浏阳本地的年轻人正在努力适应这种高强度工作，愿意加班的一天通常能干上十多个小时，虽然工作辛苦，但每月2000多元的收入颇具吸引力。这被认为是拿着深圳的工资，在浏阳花。

在浏阳这个有名的花炮之乡，多达40万人从事着烟花炮竹产业，但这一行越来越不能给当地人带来快乐，每年都有人在火药爆炸中丧生。

蓝思科技的到来，让越来越多的浏阳父母把他们的子女送到这里。至少，这在当地算是一份看起来体面，又不那么危险的工作。

于是，还泛着油漆味的厂房不断扩大。远处的塔吊下，更多的厂房和宿舍正在施工，预示着有更多的订单和工人的到来。

工商资料显示，蓝思科技（湖南）有限公司是由蓝思科技（香港）投资的外商独资企业。

蓝思科技（香港）有限公司注册于2004年10月29日，公司实际控制人为董事长周群飞。此前的2003年，周群飞在深圳注册了深圳蓝思科技有限公司，并在深圳设厂。

持有香港户籍的女富豪周群飞原籍湖南，生于1970年，在广东打拼多年，从事玻璃制造20余年，掌握了一套自己的特种玻璃加工生产工艺。她从做手表玻璃起家，直至成为"手机玻璃大王"。

周群飞为人低调，极少在媒体上露面，以致很少有人知晓蓝思已是世界最大的手机视窗玻璃生产商。

关于这位玻璃女王的个人财富是一个更加不为人知的谜。目前所知道的是，周群飞曾经在香港以4781.7万港元的成交价购入一处豪宅。

此豪宅位于香港九龙塘的"尚御"小区，该楼盘由一家美国退休基金持有，周群飞买下的是小区里最昂贵的单位，每平方呎价格达2.3万元。

周群飞在深圳发迹后，早几年就有将工厂迁往内地特别是湖南家乡之意。一个偶然机会，她结识了浏阳市的招商人员，据周群飞事后回忆，浏阳政府热情的办事态度打动了她，最终决定将工厂从深圳搬到离长沙黄花国际机场18公里的长沙国家生物产业基地。

蓝思科技从2006年起在浏阳投资，一期项目投资12亿元，二期又追加10亿元，今年6月动工的三期工程投资8亿元，占地面积将达到120亩，预计11月份投产。

在所有工程完工后，蓝思科技在浏阳的总投资额将超过30亿元。据知情人士透露，这些钱都由蓝思自行筹措，并没有在浏阳贷款。这让浏阳迅速成为世界手机视窗玻璃之都，占据一半以上的国际市场份额。

"宝剑锋从磨砺出，梅花香自苦寒来。"出类拔萃之士，多在经历巨大的挫折和失败后才会拥有恢宏的气度和非凡的才干；成功的企业，必要克服各种各样的困难，才能拥有强大的综合实力及可持续发展的动力。

邱德根，50年代初尚是一个穷汉，如今则坐拥巨富，是香港远东集团主席。他的发迹，既有苦干、实干的因素，也有深谋远虑，善于捕捉时机的因素。

邱德根出生在上海，20多岁时还是一个穷光蛋。他为了谋生，在亲友的帮助下，租了一家小戏院来经营度日。

1950年，25岁的青年邱德根与妻子一起，身揣几百元钱，告别了上海，奔赴到陌生的香港来谋生。这对年轻夫妻在香港荒僻的新区荃湾落下了脚。

最初，邱德根是在附近一家戏院内做放幻灯片的工作，他感到太苦，就重操了在上海的旧业，租到了荃湾戏院来经营。

夫妻俩日以继夜地辛劳，管理戏院的事不分巨细，几乎都是他俩包干。经过一段时间，他们攒起了一笔钱，又在沙田租了一家戏院来经营。到1960年，夫妻俩在荃湾经营管理的乡间剧院达到41家。

在香港这个大都市，处处都有机会去弄钱，邱德根看准了乡下这块地盘，赚了钱就以廉价买块地皮、兴建戏院。荃湾当年在香港是地价最便宜的，每平方英尺只要20元。

1959年，邱氏夫妇还在乡间开设了一个小小的钱庄——远东钱庄，专门吸收农民的存款。后来这个钱庄发展成远东银行。到香港的第10年，他们的境遇已经很好了，已拥有了一笔财产。但他们野心勃勃，还想捕捉住一个更大的发展机会。

1962年，邱德根买下了荔园游乐场，也是个偶然的机会。荔园的主人是他的好朋友，不想继续经营下去了，而邱氏对娱乐事业一直感兴趣，想在这方面有所作为，就买下了它。

最初，荔园的生意也很好，每年的游客在250－300万人之间。如今生意稍差些，因在荔园附近又开放了海洋公园、游泳池以及其他康乐设施，每年的游客已少于200万人。

邱氏认为，游乐园的潜力是有的。凡是人口稠密的地方，都应该开办游乐场。游乐场建起来以后，他看到成群结队的人群进来，度过快乐美好的时光，自己心头感到有一种快慰感。

邱氏还去印尼经营游乐场。那里人口多，娱乐设施不够，游乐场具有很大吸引力。中东一些国家也请他办游乐场。

人们说，他到印尼经营游乐场以后，大开了财源，金钱滚滚而来。其实这还算得什么，真正令他发大财，在财富上一日千里发展的，还是香港政府实行高地价政策以后。

现在新界的每1平方英尺土地很昂贵，邱氏在经营戏院、游乐场的过程中，买下了大量的地皮，一下子他就跻身于香港亿万富豪的行列了。

如今，他到底拥有多少资产，连他自己也难以估计了，外人就更说不上来了。

到70年代，邱德根的事业迅猛发展，已经发展到远东集团，集团包括两个大公司，一是远东发展有限公司，一是远东酒店实业有限公司。

真 知 灼 见

出类拔萃之士，多在经历巨大的挫折和失败后才会拥有恢宏的气度和非凡的才干；成功的企业，必要克服各种各样的困难，才能拥有强大的综合实力及可持续发展的动力。

4. 成功必须要有坚持到底的勇气

2015年3月10日,蓝思科技股份有限公司(以下简称"蓝思科技")正式进行网上申购,蓝思科技是苹果产业链上的巨头公司,营收超百亿,净利高达11亿元!

蓝思科技是一家股权高度集中的企业,没有吸收任何PE参股,大股东几乎持有全部股权。作为蓝思科技的实控人周群飞夫妇在公司上市后持股比例接近九成。

蓝思科技的主营业务是视窗防护玻璃的研发、生产和销售,主要产品是视窗防护玻璃,广泛应用于手机、平板电脑、笔记本电脑等消费电子产品。

其中,蓝思科技的手机和平板电脑防护玻璃,2013年出货量分别为4.51亿片和2550.80万片,合计为4.76亿片;2012年手机和平板电脑防护玻璃的出货量分别为3.5亿片和3104.76万片,合计为3.82亿万片。

据测算,蓝思科技2012年、2013年手机和平板电脑防护屏市场占有率约分别为 20.27%、23.37%。

周群飞直接或间接持股市值或将高达 466 亿元，周群飞夺得新一届的中国女首富宝座只是时间问题！蓝思科技市值保守估计达 400 亿元。

在绝大多数人眼中，周群飞是个神秘的女富豪。确实，有关她的公开消息少之又少，若不是蓝思科技 A 股上市行将成为创业板"旗舰"，恐怕没有多少人会了解她和她那庞大的手机玻璃视窗的王国，更不会有人知道为了自己的事业她到底闯过了多少关、迈过了多少坎。

想听她亲口说自己的故事真的很不容易，但当你真诚走近她时，会发现她比你多的，正是那份在坎坷路上坚持到底的勇气。

在希腊，流传着这样一个故事：

两个同村的青年，埃德加和哈迪斯，打赌看谁能走得离家最远，于是，二人同时却不同路地骑着马出发了。

埃德加走了 13 天之后，心想："我还是停下来吧，因为我已经走了很远了，他肯定没有我走得远。"于是，他休息了几天就开始返回家，重新开始了他的农耕生活。而哈迪斯一去就是 7 年。村里人都以为这个傻瓜为了一场没有意义的打赌而丢了性命。

有一天，一群浩浩荡荡的军队向村里开来。当队伍临近时，突然有一人惊喜地叫道："那不是哈迪斯吗？"只见消失了 7 年的哈迪斯已经成了军中统帅。

他下马后，向村里人致意，然后说："埃德加呢？我要谢谢他，因为那天打赌让我有了今天。"埃德加羞愧地说："祝贺你，好伙伴，我至今还是农夫。"

两个人打赌而离开家乡，他们经历的是相同的开始，得到的却是不同的结局。哈迪斯之所以在这次经历中成为将军，成就了一番事业，是因为他有坚持到底的勇气和毅力，他是那种一旦开始就不会结束的人。

与此相反，埃德加仅仅把这一次当做"远足"，结果走了几天就回来了，所以他一辈子只能在村庄里当个农夫。哈迪斯一走就是7年，他不是在走打赌中的道路，而是在走自己的人生之路。偶然的开始，却因为不停止的信念，而抵达了成功的彼岸。

李书福，吉利集团董事长，有人预计他的身家已经升到大陆富豪第25位，而当初他不过是一个120元创业起家、在冰箱行业赚到第一桶金、在海南地产热中摔过大跟头的年轻人。

他的几次起起落落集中体现了浙商两种突出的精神气质：面对机会精明，敢为天下先；认准的事不放弃，对失败无所惧。

"我是在浙江台州一个贫穷落后的山村长大的。"李书福说："第一不怕苦，第二不怕穷，第三当然更喜欢致富了！"他敢闯敢拼，豁得出去。

他最早算得上做生意，应该是1982年的照相生意。"当时就是父亲给了120元。"李书福说。那年，李书福19岁，高中毕业。

"刚开始根本不是照相馆，就是买了个小相机，骑个破自行车满街给人照相。"李书福并不愿多回忆那段历史。

会讲故事的台州人，把这段创业的故事中的李书福，说成是背着相机在公园里瞎转悠的"野照相"——"来，来，同志过来照张相。"见了逛公园的拉着照相，直到现在，一些二级城市的公园里还有这样的生意人。

李书福的照相生意做得不错，半年后赚到1000元，他正式开起了照相馆。1年以后，李书福迈出办企业的第一步。"我选的工业项目都是别人做不了的。"李书福说是在"垃圾"中提取金银。

李书福经常买一些零件自己组装照相机。喜欢鼓捣的李书福，在洗相片的过程中发现，用一种药水浸泡，可以把废弃物中的金银分离出来。李书福开始把分离提取出来的金银背到杭州出售。后来干脆关了照相馆，专门做这个买卖。

为这个项目，李书福投资了1万元。虽然这些钱大部分来自生意不错的照相馆，但李书福还是义无返顾地把照相馆关了门。

"这个到现在别人还做不了。"李书福至今对这个生财之道感觉良好。

时间到了1984年。李书福的简历，基本上都是从这一年开始写起，此时他的名头是黄岩县石曲冰箱配件厂厂长。

在吉利汽车流传的故事是，这一年前后，李书福有一次去一个小鞋厂定做一双皮鞋，发现鞋厂的4个工人都在给冰箱做一种元件。

那时候，冰箱在北方一些城市还绝对是供不应求。李书福回家后也开始生产这种冰箱零部件。据说，一开始，李书福就是自己一个人生产，然后装包里，骑自行车把零部件送到冰箱厂。后来，李书福和其他几个兄弟一起成立了冰箱配件厂，他出任厂长。

"当时的效益非常好，一年营业额有四五千万元。"吉利集团一位老员工回忆。

这时李书福做出了一个更大决定——生产电冰箱。在1985年前后，民营经济还没有获得正式承认，电冰箱这种国家统一配售商品，不可能获得有关部门批准生产。但李书福决定冒险。

1986年，李书福在自己研发、生产出电冰箱关键零部件蒸发器后，组建了黄岩县北极花电冰箱厂，生产北极花电冰箱。

"我们电冰箱非常成功。"6月14日，靠在吉利汽车台州路桥生产基地会议室的沙发上，李书福"吹牛"。

"到1989年5月，冰箱销售额已达4000多万元，并与青岛红星厂合作，为红星厂生产冰箱、冰柜。"有老员工介绍。

北极花冰箱当时已成为国内冰箱行业的名牌产品。1989年，李书福这个26岁的北极花冰箱厂厂长，已经是一个实足的千万富翁。但冒险让李书福付出了代价。

1989年6月，国家电冰箱实行定点生产，民营背景、戴着乡镇企业"红顶"的北极花，自然没有列入定点生产企业名单。

后来，李书福离开北极花怀揣上千万元来到深圳，身份是学生。这是李书福第一次外出学习，到目前为止，他分别在深圳、上海、哈尔滨三地的大学进修学习过，他能说一口较流利的英语。

其实，现在国内冰箱行业的名牌美的与科龙，当时同样没有上国家的定点目录，但它们还是通过各种办法坚持生产了。

这可能对后来李书福虽然没有取得轿车生产目录，却坚持要通过各种办法生产汽车是一个推动。

在深圳学习期间，因为装修宿舍，李书福发现一种进口装修材料市场前景不错。随即返回浙江台州，联合兄弟开始重新创业，生产这种材料。装修材料给李书福家族带来了巨大的成功，直到现在，这份产业每年还有上亿元的利润。

李书福最大的商业失败在海南。1992年前后海南房地产热潮正猛，李书福带着数千万元赶赴海南。

李书福在海南进行房地产生意不到两年，做了些什么项目，李书福很少向外人谈起，在他个人的介绍中，这一段也被省略。海南房地产的失败，李书福说，给他最大的教训就是："我只能做实业。"

吉利汽车实现香港上市。李书福说，有关资本市场的事，有专门的人来做。"我不懂这一块。"

与他在海南房地产失败不太为人所知不同，李书福从足球行业仓促退出那一段时间，他几乎天天上新闻。

2001年3月16日，吉利集团与广州签署协议进入广州足球队，随后广州吉利足球队晋级甲A失败。

10月4日李书福宣布退出足球行业。但他没有选择默默地退出，而是揭开了国内足球的一些"黑幕"。"足球黑幕"因为李书福的高调退出以及他点名道姓的批评而成了热点话题。

之后，媒体开始了一轮又一轮的足球"反黑打假"时，被冠上"大炮"之名的李书福又选择了沉默，到现在，他几乎不再提及这段历史。

"失败，这些都是实践的过程，这些是在学校里学不到的。"李书福说。

真知灼见

任何人成功之前，都会遇到许多的失意，甚至难以计数的失败。你选择了放弃，无疑就放弃了一个成功的机会，因为轰轰烈烈的成功之前的失败，往往离成功只有一步之遥。

5. 突破思维才能创造奇迹

对于看惯了创业板的投资者而言，一家公司若做到全年营业收入能过 10 亿元，净利润超过 1 亿元，那其经营规模已经是相当之大了。

不过，蓝思科技就是来打破传统格局、颠覆旧有观念的，待其上市后无疑可以成为创业板的超级"巨无霸"。实际上，蓝思科技也是来"刷数据"的，与现有创业板公司相比，前者多项财务数据均远超后者。

蓝思科技之所以被称为"巨无霸"，由其在创业板的地位决定。它创下营收第一、净利润第一、净资产第一等六项"纪录"。

营业收入第一：2012 年——2014 年，蓝思科技分别完成营业收入 111.63 亿元、133.52 亿元和 144.97 亿元，净利润分别为 19.96 亿元、24.4 亿元和 11.76 亿元。

根据数据统计，在 2013 年的创业板当中，营业收入排名第一位的是吉峰农机，其营收为 59.54 亿元；蓝色光标和南都电源紧随其后，两者分别完成营收 35.84 亿元和 35.08 亿元；遗憾的是，创业板前三名营收金额之和也仅有130.46亿元，不敌蓝思科技同年数值。

净利润第一：难能可贵的是，蓝思科技既增收也增利，该项财务数据同样冠绝群雄。

2013年，碧水源以8.39亿元的净利润高居创业板榜首，华谊兄弟、三环集团分列二、三位，但三者净利润之和为20.7亿元，远远低于蓝思科技当年的24.4亿元。

2014年，蓝思科技的净利润为11.76亿元，同样在创业板公司中傲视群雄。

资产总计第一：2013年末，蓝思科技资产总计132.84亿元，而在2014年末，该数据增资至182.38亿元。截止到2013年末，创业板资产总计金额最高的是碧水源81.33亿元，华谊兄弟、通裕重工分别为72.12亿元和67.87亿元。

首发后总股本（上市日）第一：在上市发行后，届时蓝思科技总股本达到6.73亿股，刷新2010年向日葵上市时的5.09亿股。

控股股东持股比例第一：目前，创业板控股股东持股比例最高的是斯莱克，截止到2014年9月30日，安旭通过科莱思有限公司持有斯莱克69.36%的股权。待蓝思科技上市发行后，周群飞夫妇仍将合计持有上市公司89.18%的股份。

董事长薪酬第一：在这栏项目中，蓝思科技董事长周群飞2014年高达1036万元，远远高于创业板水准。

截止到2013年末，红日药业董事长姚小青和探路者董事长盛发强薪酬高居创业板前两位，分别为737万元和421万元。

2014年，蓝思科技的营业收入为144.97亿元。东方财富网的数据显示，当年创业板营收最高的是上海钢联，其营收为75.6亿元，超过蓝思科技的一半。

紧随其后的是快乐购的27.7亿元、大富科技的24.5亿元。也就是说，蓝思科技的营收，比原来创业板营收前三强的总和还要高。

净利润方面，2014年，蓝思科技的净利润为11.8亿元，相当于当年创业板冠军大富科技的2倍。

2013年，创业板盈利能力的三强，分别是净利润5.4亿元的大富科技、5亿元的汤臣倍健和3.6亿元的宋城演艺。

同时，截至2014年，蓝思科技的资产总额达到182亿元；发行后总股本达到6.7亿股；实际控制人持股比例接近9成；董事长周群飞薪酬为1036万元。这几项指标，均将成为创业板新的"标杆"。

此外，根据媒体测算，蓝思科技上市后，有望占据创业板市值榜的第二把交椅。按照570亿元的市值估算，蓝思科技的市值排名，将仅次于660亿元的乐视网，高于500亿元的东方财富。

鉴于各项数据的强势，于是有人将蓝思科技戏称为"创业板的中石油"。

"没有做不到的，只有想不到的！"在与企业客户的交流中，这句话也是周群飞说的最多的，一方面是对自己的思维能力充满自信，另一方面更是蓝思科技的实力使然。

成为超级富翁的另一个必备要素是不但要有与众不同的观点和目光，更要有坚持己见的执着精神。

快乐罗兰（Pleasant Rowland）所创立的快乐公司（Pleasant Company）是第一家认为 7 到 12 岁的女孩市场存在服务空白的公司，同时，它也制造了让各种肤色儿童都喜欢的黑色和西班牙娃娃。

快乐公司对世界的贡献在于，它清楚地证明了知识与顾客口味之间的联系，并通过捆绑销售娃娃与相关系列丛书使学与玩的结合变得时髦。

随着罗兰的业务增长，在 20 世纪 90 年代，你可以看到 12 岁之前的女孩子们不但成为书和娃娃的中坚消费者，而且广泛涉猎音乐和娱乐业。

也许有人会认为，如果玩布娃娃的话，45 岁已经太老了。但是这对于快乐罗兰却是一个历史性的开始。

罗兰中年发起的向儿童玩具业的进军，不但使她成为全美小女孩心中的英雄，更让她变成了一位玩具业的巨人。

每个人都认为，小女孩在超过 6 岁后就会抛弃洋娃娃。但是罗兰不这么想，她认为 7 到 12 岁之间的女孩是一个被玩具商忽视的消费群，而这里面蕴藏着数十亿美元的巨大商机。

在推出面向这一年龄段女孩的娃娃和书的配套系列——"美国女孩"后，"美国女孩"以 8200 万个娃娃和 700 万本书的销量成为美国市场上仅次于芭比娃娃的第二大畅销玩具。快乐公司 2001 年销售额：

3.5 亿美元。

但是罗兰坚持认为是这些书开启了"美国女孩"的成功之门。8 个"美国女孩"娃娃中的每一个都有配套的 6 本书来讲述她的故事。在殖民地美国的幸福生活的细节、在经济萧条时期教授女孩怎样长大……这些书和娃娃的绝妙搭配,给女孩们带去了另一个世界。

在热销的同时,罗兰创办的"美国女孩"杂志也拥有了超过 65 万的订户。"一块富含维生素的巧克力蛋糕"——罗兰这样形容这段杂志、历史和利润的奇妙组合。

她深谙母亲们正在期望这样一种产品,既能吸引女孩作为孩子的兴趣,又能容许女孩将小女孩的时光稍微延长一些。

罗兰在她 45 岁创办快乐公司之前,曾经做过小学教师、电视台记者、教科书的撰稿人以及一本小杂志的出版商。

她这样描述这一后来影响了一代美国女孩的事业的开始:1984 年,我和丈夫参加在殖民地威廉斯堡举行的一个传统活动。本来我以为这只会是一个小小的愉快的假期,但事实上,它成了我生命中一段最宝贵的经历之一。我喜欢坐在教堂的高背长凳上,回想乔治·华盛顿曾经到过这里,派瑞克·亨利也在这里发表过演讲。

我喜欢那里的服装、家庭、每一天的生活——所有这些都深深地吸引着我。我记得自己坐在树荫下的长椅上,情不自禁地想到,学校给孩子们上的历史课是多么的乏味,不能让更多的孩子来参观这里活生生的历史教室,该是一件多么悲哀的事情。我问自己能为这件事做些什么。

在接下来的圣诞节，我想给自己两个 8 岁和 10 岁的侄女买个娃娃。但让我震惊的是，洋白菜补丁娃娃充斥了整个圣诞节市场。

我觉得它们很丑，但芭比娃娃又不是我想要的那种。我相信在那个圣诞节我不是唯一感到沮丧的美国妇女。

我的威廉斯堡经历与此时的沮丧结合在一起，一个念头突然在脑海里诞生了。我立刻给我最亲密的朋友写了一张明信片——它至今仍保存在快乐公司的档案室。

我写道：你觉得怎么样，为 9 岁的女孩制作一套讲述不同历史时期的书，同时配备穿着不同时代服装的娃娃，以及一些可以让孩子们演出的附属玩意儿？我并不做新的玩具，只是把殖民地威廉斯堡的美好回忆微缩到让孩子一直喜欢的书和娃娃身上。

在罗兰这个想法成型后，她立刻用一周的时间制作了一份包括系列图书、娃娃服装样式、生产线等规划的内容详尽的商业计划书。

之后，虽然罗兰的想法如此的与众不同，但她的这一商业创意取得了巨大的成功。在之后的 4 年里，只凭借邮寄广告目录和口口相传，"美国女孩"的品牌价值就上升到了 7700 万美元。

为了扩大品牌，罗兰和她的快乐公司又推出面向更年轻的女孩的婴儿娃娃和配套图书，应孩子们的要求创造了更时髦的娃娃、《美国女孩杂志》，以及讲述怎样进行人际交往等知识的书籍。

在随后的 5 年里，"美国女孩"的营业额以每年 5000 万美元的速度增长，最终达到了 3 亿美元。

在目睹自己的商业计划一步步得到成功实施后，罗兰在 1998 年以 7 亿美元的价格将快乐公司卖给了 MATTEL。现在，功成名就的快乐罗兰正在家里享受着她当初大胆的尝试和果断的决定所带来的安逸的退休生活。

真知灼见

决策者经营思维固守传统、不思进取，导致了许多企业丧失了发展良机，甚至走向穷途末路。企业要发展，必须有创新思维。突破才能创造奇迹！

第五章

困境之时总能绝处逢生

从起跑线上瞄准的方向决定着第一轮事业的质量。哪怕是赤脚上阵，从零出发，只要能用正直和坚毅武装好自己，严守军规，杜绝随波逐流，第一时间发现并规避行业弊端，就能免于事业探索路上的磕磕碰碰，保护自己不摔跤，全速向成功奔跑。

1. 艰辛创业一步一个脚印

2015年3月10日,蓝思科技股份有限公司正式进行网上申购,这家登陆创业板的企业是苹果产业链上的巨头公司,营收超百亿,净利高达11亿元。

因身处"苹果产业链",受到了投资者的热捧。而蓝思科技的上市,或将催生其董事长周群飞成为中国新科"女首富"。有数据称,周群飞的身家或将因蓝思科技上市超过460亿元。

周群飞及丈夫郑俊龙,是蓝思科技的实际控制人。本次发行前,两人合计持有蓝思科技99.09%的股份。

根据蓝思科技的股权结构,香港蓝思与群欣公司,是蓝思科技的前两大股东,分别持股90.21%和8.8%。其中,香港蓝思属周群飞全资持股;周群飞和郑俊龙,分别持有群欣公司85%和14.7%的股份。

折算下来,周群飞的个人持股,占公司总股本的97.69%。本次发行前,蓝思科技的总股本为6.06亿股。据此测算,周群飞个人持有

5.92亿股。按照发行后总股本6.73亿股计算，上市后周群飞的持股比例约为87.9%。

按照22.99元的发行价计算，目前周群飞的个人身家达到了136亿元。而这仅仅是周群飞身家的"起跑线"。

对蓝思科技上市后股价和市值的预计，各方说法不一。安信证券在研报中预计，蓝思科技的股价最高可达69.75元。按此计算，周群飞的身家将达到412亿元。

目前，最乐观的看法是，蓝思科技上市后的估值达到530亿元，周群飞的身家突破460亿元。

如果按照目前最乐观的说法，周群飞将超越杨惠妍的财富。胡润研究院发布的《女富豪榜》中，2014年内地女首富为碧桂园的杨惠妍，其身家为440亿元。

总部位于湖南浏阳的蓝思科技，苹果公司是它的最大客户。蓝思科技主营视窗防护玻璃的研发、生产和销售。视窗防护玻璃可以对平板显示屏起到保护、装饰等功能，主要用于手机、平板电脑、笔记本电脑等电子产品。

蓝思科技称，其在视窗防护玻璃行业"确定了行业地位"。2012年和2013年，蓝思科技的手机和平板电脑防护玻璃的出货量，在全球市场的占有率分别达到20.27%和23.37%。

数据显示，2014年，蓝思科技的营业收入为144.97亿元，净利润达到 11.7 亿元。这两项关键的财务数据，远超目前 400 多家创业板公司。

苹果、三星、LG 和富士康，均位于蓝思科技 2013 年的前五大客户之列。其中，蓝思科技与苹果的合作，始自 2007 年，"一直是其重要供应商"。

而最近 3 年来，苹果公司则一直是蓝思科技最大的客户。2014 年，蓝思科技对苹果的销售收入为 68.8 亿元，占营收的比重为 47.44%。

由于基本面向好、市盈率偏低以及身具"苹果概念"，蓝思科技受到了多家券商的集中推荐。海通证券称，蓝思科技的合理价格区间在 47.88 元至 61.56 元，"鉴于新股发行价确定为 22.99 元，给予建议申购的评级"。

与此同时，蓝思科技所面临的风险，也被反复提及。其中，"主要客户高度集中"，被多家券商视为蓝思科技的第一大风险。

2012 年至 2014 年，蓝思科技对苹果等前五大客户的销售占比分别为 96.25%、93.1% 和 86.69%。据此，蓝思科技提示称，如果未来苹果、三星大幅减少或停止向公司下达订单或采购价格，公司的经营业绩将受到严重的不利影响。

傍上苹果这样的"高富帅"是令业界羡慕的，然而，在科技日益更新之下，"傍大款"也不一定意味着业绩有保障。

2014 年，台湾地区的触控行业巨头胜华科技的倒下，让业界印象深刻。自 2014 年 11 月份，当地法院对胜华科技裁定重整和紧急处分以来，进展依旧缓慢。

2 月 13 日，当地法院同意公司此前重整的裁定继续延长 90 天。截至 2014 年三季度，胜华科技负债总额为 535 亿元新台币（折合人民币约 106 亿元）。胜华科技就是傍苹果后被抛弃的典型代工企业，盛极而衰。

此前胜华科技是 iPhone 4 和 iPad 触摸屏的主要供应商，根据市场前景进行了厂房和生产线扩建，但苹果生产 iPhone 5 以后，转向更薄的显示屏技术即内嵌式的显示屏，胜华科技被苹果抛弃。

和苹果合作的供应链企业，基本话语权和主动权都掌握在苹果手中，一般是供应商有了新技术，得到苹果认可后才会采用。一旦苹果采用其他新技术，订单基本就终结了，巨额资金被垫进去，大量的固定资产设备和工人面临闲置，而且很难找到这样大规模的厂家合作，胜华科技就是这样倒闭的。

蓝思科技也表示，如果未来苹果、三星大幅减少或停止向公司下达订单或降低视窗防护玻璃的采购价格，公司的经营业绩将会受到严重的不利影响，不排除出现上市当年业绩波动、下滑、营业利润比上年下滑 50% 以上的可能。

另外，根据资料，蓝思科技的主要竞争对手还有伯恩光学和已在创业板上市的星星科技。

2014年星星科技公司实现营业总收入16.8亿元，同比上升291%，实现净利润为2689万元，同比上升118%。

实际上，星星科技上述业绩大幅提升得益于其并购的深越光电公司合并报表，剔除深越光电之后，因竞争激烈，销售不及预期和坏账问题，星星科技2014年实际实现的净利润亏损6027万元。

星星科技在年报中表示，2014年触摸屏行业竞争加剧，终端厂商随着成本、效率的不断提升，正在加快产品的整合工作，盖板整合进入触控后，逐步整合显示模组，变成一体化产品，市场竞争白热化。

手机盖板也是这样，在过去iPhone 4、iPhone 5的时候，苹果的手机盖板基本由伯恩光学和蓝思科技供应，现在不少厂家逐渐突破壁垒抢单，目前紧缺的是iPhone 6的盖板，因为采用了弧度和背面色彩印刷，一点点新工艺的变化，都可以造成壁垒。

视窗防护玻璃和触摸屏行业竞争同样也在逐渐进入白热化状态。

同时，蓝思科技还称，其招聘的员工多以青年为主，管理难度较大。"为了满足生产需求，公司大量招聘员工，员工人数增加迅速。"蓝思科技在招股书中称，截至2014年底，公司员工人数已经达到8.24万人。

梦想越大，自己的天空才会越大！为了有一个自己能支配的天地，裘丽蓉在改革开放后，便辞了职，早早走向了创业之路。

拥有6亿元以上资产的裘丽蓉，现是四川省敦煌集团董事长兼总裁，四川省工商联副主席。一次在四川省女企业家协会召开的会议上，她讲起自己的"发家史"，眼泪就止不住地往下流，结果引得随后发言的几个女企业家也哭个不停。

裘丽蓉笑言她那次没带好头，把经验介绍会开成了诉苦会，实在是因为这一生"遇到的困难太多了"。她说她靠的是信念和运气度过了自己创业的18个年头——"我生产的服装一年内遍布整个成都市场。"

"1986年，我在成都的一家衬衫厂当工人，设计、裁剪和缝纫样样全能。但是我们厂只生产男式衬衫，我的才能只能在工友身上施展。那时候我就想如果能有个天地让我自己去支配，那该多好！改革开放后，我辞了职"。

创业难，女人创业更难。裘丽蓉就是凭着一股执着的信念，一股不服输的劲头，才一步一个脚印，开创出自己的天地的！

辞职容易创业难，创业不仅需要资金和市场，还要会管理，而她一样条件也不具备。她这个人不喜欢退缩，拿着从亲戚朋友那里凑齐的10万元钱，开起了自己的服装厂。

买不起缝纫机，她就让工人们自带；没钱请人，厂长、技术员、业务员、采购员甚至保安，我全都一肩挑。可到底是个女人啊，一到晚上守夜她就吓得不行，只好带着两岁半的女儿去壮胆。

哪个环节需要原料，她跨上自行车就去采购，从成都的东门奔到西门，再由西门拐到南门。有时候刚刚买了东西送到厂里，工人们就又叫起来：厂长厂长什么什么料没有了。

她一听就着急，不能窝工啊，马上骑着车子再往外跑。"有一天正骑着自行车，我就突然昏倒在了街上，醒来看见好多人围观，我心想我今天这是怎么了，坐在地上琢磨半天，才记起自己跑了一整天还没吃一口饭呢。"

"第一批产品出来后，我自己跑到大商场去推销，可一听是民营企业生产的人家根本就不睬你，连连摆手说不要不要，拿走！我不厌其烦地跟他们讲：'你看看我的产品样式，先给挂上3天，如果3天之内没有销路你退给我。'"

他们终于同意了，把袭丽蓉的衣服挂在了一个很不起眼的地方，她又去找服务员商量，请他们把她的产品挂得稍微显眼一点。她甚至一个商场一个商场地跑着帮他们卖。

因为这些服装是袭丽蓉自己设计的，款式上占有优势，3天时间里，那些挂出来的衣服就都卖掉了。

"就这么通过边做边学，我的工厂慢慢进入了正轨，一年之内我们厂生产的服装就遍布整个成都市场。但是新的问题又出现了：我今天设计一个款式，明天就会有人翻版照做，消费者可不管谁是正牌货，样式一样，谁便宜买谁的。这给了我一个教训，我应该去做别人想不到的、市面上没有的东西。"

生意红火之后，她听从朋友的建议，买了辆摩托车。因为太忙，她只学了很短时间就上路了。有一天去进货,前面有3个小孩儿突然横穿马路,她赶紧刹车。小孩儿跑过去了,惊慌之下,她开着油门就放开了刹车,摩托车呼地一下冲着人群撞了过去。

"我都快吓死了,唯一的念头就是不能撞上人,结果一转方向,路边正好有个电线杆,撞上去的一刹那,我头一偏用手抱住了电线杆,车子被撞得竖了起来,我的腿卡在了轮子里。"

她用残余的一点意识拉住刹车,可是脚却绞进轮子转了一大圈.后来是别人用钳子把钢丝夹断才把她已经断掉的脚拉出来的。

在医院里,她脚背上的血泡破了,医生每天来给她清理腐肉,她那时已不知道痛了,医生说她已发展成了骨髓炎,要保命就得截肢。

"我想我刚开始创业就要成残废了,如果那样不但自己的事情干不成了,还得别人照顾,于是我横下了一条心:我绝对不能截肢,万一上天真要夺走我的生命我也认了!我离开了医院。"

从此她办公室里多了张行军床,身后靠着枕头,脚前垫起高高的被子,一边工作,一边接受治疗。她后来长胖就是因为那时候用了大量的激素,一边打封闭针,一边服用人体球蛋白,做业务接待客人也全都在床上。

"当时有很多客户都说,你命都保不住了还要企业干什么?我说我不管,刚刚创立的企业,我一定要把它做下去。"

当时袭丽蓉公司的名字叫敦煌绣品厂,因为过去中国的产品就是沿着丝绸之路走入国际市场的,"我想总有一天我也要把自己的产品推出国门,所以用了敦煌这个名字。"

在广交会上袭丽蓉拿到的第一份订单是美国的,她心里别提多高兴了。但是做出口产品太难了,主要难在工期紧、面料要求严等方面。

"咱们国产的布料蓝是蓝、红是红,可国外却要求蓝色偏红光、偏蓝光、偏灰光,而肉眼看见的灰蓝、黄蓝、绿蓝等颜色,光度不能深也不能浅。"

袭丽蓉不知道打了多少大样,最后外商说 OK 了才敢开始裁剪制作,而制作过程中衣服的前胸也不允许有一个纱头,否则衣服就算报废了。这样前前后后耽搁很长时间,她真正的生产期就很短了。

交货过程,陆运和海运是连在一起的。她事先订好了火车车厢,从上海港到美国的船只也签了合同,所以到了期限是非交货不可。

"工人们可以轮班休息,我不能,因为心里害怕——我算了一下账,如果这批货不能如期交出去,此前所花的钱全得赔进去,我咬住牙关,三天三夜连一个小时的觉都没睡,也不知道疲劳,就凭着一股劲硬是准时交出了这批货。"

"之后人一松懈下来,马上就垮架子了,我天昏地暗地睡在床上像睡在船上一样,船在翻,天在转,自己沉下去又被抛起来。我睁不开眼睛,也不说话,任凭别人怎么叫我起来吃饭也不理。醒来之后才知道自己足足睡了一天一夜。"

第一关闯过去了，她的外贸生意就越来越好做了。袭丽蓉每年都参加广交会，接到的订单美国、加拿大、瑞典、澳大利亚、英国、德国的都有，甚至连出口法国的服装她都做。

她的无公害产品成了成都人互相赠送的时尚礼品。随着产品进入国际市场，她也开始参加国际上的各种服装博览会。

有一次，她无意中走进了美国洛杉矶的一家超市，一个新的想法在她的脑子里出现了。那是一个花园一样的超市，从蔬菜、水果到鲜花，摆得又干净又好看，让人进去就舍不得出来。

当时是1989年，成都的农产品还都在摆地摊，卖农产品的街巷总是又脏又臭。"我不懂什么生态农业、无公害农业，只是想咱们是农业大国，怎么农产品就没有别人的好呢，于是我提出要参观美国人的庄园。"

就这样，别人去迪斯尼乐园玩，她却离队去看种葡萄的、种脆皮梨的农庄。"在美国一家只有10个劳动力的农庄却可以耕作上百公顷土地，都是机械化作业，简直太壮观了。"

从那以后，袭丽蓉每到一个国家就参观他们的农业和养殖，而她想搞这两个方面产品的决心也越来越坚定了。

1994年，袭丽蓉到四川省的友好省县——日本山梨县去参观，和当地的自然学科技院建立了紧密联系，他们成了袭丽蓉日后发展的技术支持力量。她想，如果把自己毕生的积蓄拿出来做农业项目，也算是对社会作贡献。

于是,袭丽蓉就决定上无公害蔬菜、搞生态科技园,把清洁的没有污染的食物链还给消费者。1995年,她在距离成都市30公里的都江堰买了550亩地,正式开始了自己的高科技农业事业。

因为她当时买的是农民的土地,根本无法直接使用。长期使用剧毒农药和化肥导致了这些土地都盐碱化了,有害物质很多。

袭丽蓉从办养猪场做起,投资500万元,用猪的粪便废料做沼气池,搞了个生物肥料小型加工厂制造生物肥料,再按严格标准生产无公害蔬菜。

她还做了个可行性报告,提出"高起点、大规模"的原则,匡算出自己所有项目的全部投资大概需要3.2亿,别人跟在后面想撵都撵不上。

就因为起点高,政府把袭丽蓉的园区纳入了国家科技含量比较高的管理范围,她的企业也成了生产无公害蔬菜的龙头企业。政府开始对无公害蔬菜检测之后,她的企业是四川省第一家拿到无公害蔬菜标志的,产品摆进了成都市所有的48家超市里。

成功的女人后面并没有一个为她默默付出的男人。在艰苦的创业过程中,袭丽蓉的另一半与她分道扬镳了。她的女儿自小缺乏母爱。可为了事业、为了创业成功,袭丽蓉在牺牲了太多太多的时候却也收获了另一种幸福!

"我过去做生意是花力气多,现在则是用脑子多,企业如果老在原地踏步是很容易被淘汰的。现在我有4500吨的冷库,马上还要搞个保鲜库,这样蔬菜可以保鲜6个月,水果能保鲜14个月。我要让我的新鲜蔬菜走出国门,摆上外国超市的货架。"

女儿对一直孤军作战的她说"我要你幸福"。"虽然我比过去有钱了,但我仍过着简单的生活。我不喝酒不抽烟,也从没有喝茶的习惯,每天忙忙碌碌也想不起来给自己泡茶,口渴了一杯白开水就解决问题。"

袭丽蓉吃的是我的农场生产的食品,穿的是她的工厂做的衣服,一个月连1000元钱都花不了。但是人这一生不是只为了吃穿二字,做生意已成了她的爱好。

"现在我就怕放长假,刚开始那两天可能还觉得很轻松,终于可以休息一下了,第三天就会感觉心里空落落的一片茫然,哪里都没兴趣去玩,打麻将也学不会,每天睡懒觉睡得头昏眼花。心想:我今天能干点什么啊?怎么还不上班啊!我真不知道将来退休了我怎么办。"

别人讲男性的成功有女性的一半,女性的成功有男性的一半,非常遗憾,袭丽蓉一直是孤军作战。自从做了企业,家庭就管得少了,加上两个人的沟通也少,她和丈夫分道扬镳了。

袭丽蓉最大的遗憾是没有花更多的时间去关心照顾自己的女儿,小时候把她丢给妹妹带,工厂门口有沙子和石子,她每天就在门口玩,被人欺负了就一身泥一身沙地哭着跑回来,等我要出去办事了她就拉着袭丽蓉的自行车不让走,但只要姨妈一出来,她就会马上松手说:"撵妈妈的不是好孩子,妈妈你早一点回来!"所以,袭丽蓉经常都是骑着车子哭着走的。

"现在我女儿已经21岁了,我跟她说妈妈非常对不起你,其他家庭的子女有爸爸的爱、妈妈的爱,但我给你的母爱太少,还让你缺少了父爱。她说妈妈有你我就够了,我要你幸福!"

大多数女人都愿意把家庭幸福放在第一位,对此袭丽蓉心里很平衡,她所追求的是事业上的成功。"上天对我的照顾还是挺多的,让我自己有信心克服一个又一个困难,而且我做了自己想做的事情。从这一点上讲,我是幸福的。"

真知灼见

只有不畏艰难,披荆斩棘,一步一个脚印的人,才有希望到达光辉。脚踏实地地努力付出了,这样才能问心无愧,同样收获也是值得的。努力拼搏,坚持到底,终会成功!

2. 野心是真正的无价之宝

从"打工妹"到准"女首富",45 岁的周群飞的故事颇为"励志"。

目前,外界关于这位成功的女商人的报道并不多见。一份政府发布的资料显示,周群飞担任着湖南省工商联和长沙市工商联的副主席。

周群飞于 20 世纪 80 年代,随南下淘金人潮赴深圳打工。周群飞的打工地点是在深圳的伯恩光学。目前,伯恩光学和蓝思科技,互视对方为最大竞争对手。2014 年 11 月,双方之间还爆发过"窃取商业机密"的事件。

"今天你迈过这个小坎,明天你就会迈过一个大坎。"2014 年 3 月,周群飞在湖南一个活动演讲时透露,她在 20 多年的创业过程中,经历了多次坎坷,"两次把房子卖掉,给员工发工资"。

周群飞说,她最初从手表玻璃起家,相继创办了 11 家公司,"经历过日工夜读、白手创业的艰辛,体会过金融危机的剧痛,尝到过产业转型的压力和激烈竞争的残酷。"

2013 年 11 月,习近平总书记在长沙考察时还曾参观过蓝思科技。

每个人的人生都像一个金字塔,只有往上攀登,才可能享受最大的自由和空间。

一部分人庸庸碌碌,终其一生都在老地方徘徊,另一部分人按部就班、辛辛苦苦地在从 E 层爬到 C 层,只有少数人,能很迅速地攀到 A 层,跻身成功者之列,享受顶峰风光。

杨小华原来的身份是建筑小工,每天在工地挥汗如雨,工资寒碜;仅仅 3 年,他改写自己的人生,每天西装革履,日进斗金,资产上百万。

站在金字塔的塔峰,杨小华靠的不过是观念的转变:从普通工人变成新鲜的"看房参谋",提供新的服务,从而一炮打响,并且事业仍在发展壮大。

杨小华出生于湖南衡阳县界牌镇,1996 年,父亲退休,只有初中文化的他顶替补员到县里某建筑工程公司,做了个小小的泥工。

难道一辈子搅灰拌泥?杨小华不乐意,偷偷报名参加了衡阳市电大的工业与民用建筑专业的学习,想拿到施工员资格证书,做名衣领干净的技术人员。

后来公司发生财务危机,连续 8 个月拖欠工资,杨小华不仅无力支付学费,到 1999 年春节,甚至连一挂喜庆的鞭炮都买不起。

过完那个紧巴的新年,杨小华恨恨地想:干脆南下广东打工,挣得多点儿!正月初八,杨小华就来到了东莞某施工队,在东城区一个大楼盘做泥工。

由于工地采用了新工艺,只在小地方做过"大师傅"的杨小华,井底之蛙一样不知所措,因此进度总是上不去,还影响其他师傅做事。

他在一片怨言声中被换了下来,做修修补补的计时工,一个月只拿两三百元工资,刚好就够吃饭。

作为家里的顶梁柱,为了养家糊口,杨小华扛着一根扁担做普工,挑泥浆,搬水泥,什么脏活儿累活儿样样都抢着干,争取多挣一毛两块的。先立足后发展,机会总比家乡要多!

1999年8月的一天中午,杨小华正在工地保安室休息,看见一对年轻的夫妇走过来,想请一位师傅修补一下房屋。那男人笑嘻嘻地递给杨小华一根烟:"我姓王,买的房子就在这个小区内,事也不多,一个小时就能搞掂。"

杨小华看他们挺诚恳的,就带了几件简单的工具,跟着他们来到一套住宅内。

原来这是一套简单装修的新房。王先生说:"其实不是修补。上午我们看中了这套住房,户型、朝向没得说,可心里就是不踏实,对房子建筑质量不太放心。您是基建队的师傅,我们想请您作个参谋。"

陪人看房子,这对有着泥工经验的杨小华来说,简直小菜一碟。

杨小华一边在房子里转悠,一边头头是道地说开了:重点要检查门窗、地板、顶棚、厨厕。一听一看:听门窗开关时有无异响;坐厕下水是否顺畅,冲厕水箱有无漏水声;看地板、墙壁和顶棚是否有水渍,有无明显的倾斜、弯曲、起浪、隆起或凹陷的地方……

这对购房的夫妇听得心服口服。

杨小华仔细地"听""看"之后,又用水平尺和吊线检验墙体的平整度和地板的坡度，检查了差不多一个小时，杨小华肯定地点点头："房子没什么问题，你们放心住吧。"

王先生喜笑颜开："这一下塌实了。您是专业人士啊。"说完，他从兜里抽出钱包，数了5张"老人头"，送到杨小华跟前："给！看房的咨询费！"

500元？自己在工地忙活一个月，也就挣这么多！杨小华不敢去接，连连摆手。王先生笑了："这是你该得的！买套房子几十万，如果有质量问题，500元钱可解决不了啊。"

陪人看房也能生财，大大出乎杨小华的意料！一次偶然机会，成为改变杨小华命运的起点。

日子还是照常过，天上不会老掉馅饼。但杨小华没有料到的是，一个星期后，王先生又来了，陪他的同事来看房，照样请杨小华担当看房参谋。

看完房后，王先生劝杨小华："你不如离开工程队，买部手机，专门从事看房工作！"

这可没谱。谁干这种事情啊？自己人生地不熟的，如何找业务？别人怎么相信自己？

王先生看他一脸怀疑，又笑了：我给你讲个故事，法国有位贫穷的年轻人，经过10年的艰苦奋斗，终于成为媒体大亨，跻身于"法国50名大富翁"之列。

1998年他去世，将自己的遗嘱刊登在当地报纸上，说："我也曾是穷人，知道'穷人最缺少的是什么'的人，将得到100万法郎的奖赏。"

几乎有2万人争先恐后地寄来了自己的答案。答案五花八门。大部分的人认为，穷人最缺少的是金钱。另一部分人认为，穷人最缺少的是机会、技能……但没有人答对。1年后，他的律师公开了答案。"

杨小华也瞪大眼睛，问："答案是什么？"

王先生回答："穷人最缺少的，是成为富人的野心！"

杨小华被震住了。王先生说："你不缺技术，不缺机会，就是缺少这种野心。所有买房子的都想请个内行当参谋，花几十万，甚至上百万买套住房，还会在乎这点儿看房费？500元买个质量保证，买个塌实。"

是啊，自己为什么如此胆小呢？放手一搏，说不定明天就是艳阳天！

1999年国庆黄金周期间，正是楼市最火爆的时候，杨小华点点积蓄，狠狠心，花500元买了一部二手手机，再花200元印制了20盒名片，又向工程队请了一周的假，开始探点儿。

报纸广告说哪家楼盘开盘了，交楼了，不管多远，他一大早就出发，踩着一辆自行车穿梭于各大楼盘的售楼处，一天顾不上吃顾不上喝，守在新楼盘外围，给客户推销看房服务，派发名片。

这些天和购房者聊天，杨小华发现购房人有严重的盲从心理。他们往往无法获得购房决策所必需的完整信息，而盲从于开发商的宣传，盲从于邻居、亲友。

商品房从规划征地到销售成功，涉及100多个质量验收标准和300

多个法律法规，作为购房人根本就不可能完全了解，仅仅是做"一手交钱，一手交货"的一锤子买卖，吃亏的还是购房者。

留意各类媒体，杨小华还发现在全国各地消费者投诉中，商品房投诉量名列前几位，居高不下，都是因为建筑行业太专业，而地产市场还不规范等等……这里就存在商机，有更大的发展空间！

一个星期过去，杨小华的名片派出了近千张，可是没有接到一单业务。腰酸背疼地躺在床上，杨小华自己安慰自己：肯定有市场的！只要坚持下去！

为了让购房人更信任自己，杨小华开始系统地学习。白天他还是在工地上挑砖担瓦，晚上就去电大认真上夜课。

近半年时间的学习，2000年9月，杨小华顺利拿下了工民建筑专业毕业证书，同时，半工半读的杨小华深得基建队老板的赏识，被委以重任，成为项目负责人，工作也日益繁重。

不，当然不能为此放弃那块巨大的蛋糕，一定要将看房进行到底！只有做没人做过的事，才会大有"钱"途。杨小华干脆辞去工程队项目负责人的职务，在其他建筑工人不解和惋惜的目光中，做了一位全职的看房参谋。

东莞某大型楼盘第四期地产项目动土不久，杨小华以购房者的名义深入施工工地，察看施工质量，从基础槽开挖，到项目封顶，每一道工序都没有落下。

2000年9月，该地产项目公开发售，趁着看房的机会，杨小华对身边几位准业主说："我建议你们别买A号楼，虽然A号楼户型、朝向和景观都不错，但经过一个雨季，墙垛就会有裂缝。"

这几位准业主都不信，笑笑哄哄的：哪有替楼盘占星的？杨小华递张名片上去，准业主们都不肯接。杨小华不气不恼："要相信科学。如果明年春季房子果真如我所言，5月1日，我们还在老地方见。"

五一前后，该项目交楼了，那几位业主，果真在A号楼前等杨小华——A号楼墙垛果真裂了几条缝。其他几幢楼的业主把杨小华围住了，都来刨根问底。

这时，杨小华才娓娓道来："A号楼在挖基础槽时，没有挖完浮土，便开始捣制垫层和构造柱，通过春雨的下浸，浮土必定下沉，这就导致了承重墙受到牵引而开裂。"

业主们这才服了，趁着还没收楼的关键时刻，都纷纷请杨小华去看房，杨小华说："可以，不过每套住房要收取2000元看房咨询费！"贵是贵点儿，可是对于几十万的一套住房，值得！花点儿小钱可能就一劳永逸，业主当然愿意。

2001年5月，杨小华在这个楼盘一连看了50多套住房，都看出了问题。问题较严重的，劝业主退房，存在问题但不影响使用的，杨小华便提供解决方案。

由于杨小华的介入，引起数十户业主退房，同时也导致了这家开发商的高层"大换血"，这在当时东莞的房地产界引起了不小的震动。

这次杨小华赚了10万元，名声大噪，同时也使"看房参谋"成为街头的热门话题，市民渐渐接受了"购房一定要请专家把关"的观点。

业务开始应接不暇，杨小华成了"看房参谋"的代名词。不满足

"散兵游勇"，他找到当时服务过的工程队，请施工员和技术骨干兼职。

凡是兼职的员工，通过业务的多少提取报酬，以壮大这支"看房参谋"的队伍。到了2002年5月，杨小华手下的"看房参谋"已经有了50人之多，其中有高级工程师职称的3人，中级职称的31人。

去年国庆期间又是楼市的旺季，杨小华准备大干一场，他仔细分析了东莞楼盘的布局，渐渐摸清了东莞的豪宅、水岸楼盘、白领公寓的位置和价位，然后再针对客户的需求，提供不同的服务。

同时杨小华把有相同需求的客户集中起来，组成"看房联盟"，众多购房者在一起也有了更多的交流机会，杨小华也提高了工作效率。

新的麻烦也层出不穷。看房参谋私下跑单，甚至自立门户，使杨小华的业务量大减。根本不需要什么投资、仅靠技术和智慧获取利润的新鲜行业，一定会有人"跟风"。杨小华曾经为此苦恼过，但慢慢又定下脚步，有了更大的野心。

在推出"看房联盟"的时候，杨小华和售楼人员直接沟通，了解到商品房的销售价格由成本费用、期间费用、税金等等组成，其中期间费用和利润有很大弹性空间，开发商能根据实际情况作相应调整，但购房者并不清楚其中奥妙。

杨小华想，如果把"看房联盟"升级为"集体购房联盟"，用大业务去和开发商谈判，会取得更低的价位；另外，自己具有专业知识，能对公共设施的计算、相关管线的设计、营建成本等方面提出合理的建议，也能让开发商不得不让价。

于是，杨小华代表购房者，和售楼经理斗智斗勇，屡战屡胜。同时，杨小华也坚持自己的立场，"君子爱财，取之有道"。

有些开发商主动邀请杨小华带客户去看房，并支付车马费，让他按购房成交量提取报酬，但都被杨小华拒绝。生存之本、发展之本都是购房者，陪客户看房才是他的正经职责，他代表的是客户立场。

也有一些开发商畏惧杨小华"挑刺"，所以专程找他加盟，每月付2万元聘请他为质量监督员……杨小华都婉言拒绝。

既而，杨小华又和律师事务所、会计事务所和环保检测部门联系，互通有无，共享业务资源，增加了看房参谋的法律服务、会计服务和环境检测等功能，从客户看房、签订购房合同到装饰后房屋的环境质量检测和整改，进行一站式服务。

"看房参谋"替人看房，又替人免费谈判，让购房人省心不少，增加了看房附加值，老客户带来了许多新客户，如今杨小华在当地已经赫赫有名，顺利赚到第一桶金，引导事业朝更大的空间发展。

真知灼见

如果你暂时没有成功，没有地位、财富，无关紧要，只要你有野心，有把野心贯彻到底的智慧和毅力，那么站在金字塔的塔顶，指日可待。

3. 从小到大有时只差一步

"手机玻璃女王"周群飞相当低调。她除了少量公益活动,几乎很少进入公众视野,以致她在深圳打工、创业的那段历史也少有人提及。

周群飞是如何从台湾厂商主导的手机代工业中突围,夺得苹果公司的大订单,对外界来说也是个谜。

周群飞早年曾在伯恩杨氏家族企业"打工"多年,后离开创立蓝思科技公司,成为伯恩最大的竞争对手。

20多年前,1970年出生的湖南人周群飞就南下打工,进入玻璃加工行业,那时候的她只有20来岁,当时的伯恩主要是做手表玻璃,后逐渐转战多媒体和电子消费品、移动设备屏幕市场。周群飞在这个行业里,算是摸爬滚打多年的"老人"了。

2003年,周群飞羽翼渐丰,创立了深圳蓝思科技有限公司。蓝思科技创立之后,与伯恩光学在移动设备屏幕等诸多方面展开正面竞争。此后不久,周群飞将工厂迁往湖南老家。

目前,蓝思科技最强劲的对手仍是伯恩光学。据媒体报道,伯恩光学和蓝思科技是中国最大的两家手机玻璃镜片制造商。

蓝思科技 2013 年的产值达到 100 多亿元，而伯恩光学的总产值达到 200 多亿元。伯恩光学和蓝思科技作为苹果、三星全球最大的两大玻璃面板供货商，二者的商业竞争、人才争夺从未停止。

创业难，女人创业更难。正因为如此，像周群飞这样巨富成功者的经验显得弥足珍贵。

刘伟红曾是招远一名普通的农家女，丈夫事业非常成功，她完全可以在东郊的别墅区尽享"阔太太"的生活，但她却选择了艰苦创业，一年时间拼下千万家业。

刘伟红成功的经验告诉我们：从小生意到千万富翁，有时只隔了一层纸，只要找对了方法并付诸行动，拥有遭遇挫折时的那份坚韧，一切都有可能。

刘伟红初中毕业就开始做生意。她在招远开过裁缝店，卖过服装、化妆品。2001 年，她随丈夫潘洪成来到了烟台。

当时，丈夫事业如日中天，在东郊买了豪华别墅。由于女儿刚出生不久，加上对烟台一无所知，整整一年时间，她没有做什么事，但脑子一刻也没闲着。

一个偶然的机会，她随丈夫去东北探亲。一个做面食的亲戚麻花卖得特别好，刘伟红尝过之后，却觉得不过如此，自己肯定可以做得比这更好吃。

人们吃它主要是图"卫生、方便"，麻花原本是在大街上卖，人们看不到它的制作过程不放心，如果把它放进专卖店里，让顾客从橱窗就能看到整个加工过程，肯定受欢迎。

当丈夫发现她正在做的事时，他的第一反应是：这女人"疯"了！放着好好的"阔太太"不当，却要去炸麻花，这不跟摆地摊一样吗？挣这点小钱还不够丢人现眼的！但刘伟红还是义无反顾地进京请教专家，选定了最满意的配方。

有了配方，店怎么开？怎么能销出去？怎么连锁？怎么加盟？一个初中毕业的女人到书店找了不少经营方面的书来看，从书本上研究肯德基、麦当劳和国内著名中餐连锁店的经营方式。丈夫对她的想法嗤之以鼻："加盟？你还想上天呢！"

2004年3月，在丈夫及家人的强烈反对下，满腹辛酸的刘伟红在烟台大学附近的莱山菜市场上，开出了凝聚着她梦想的第一家麻花店，取名"弘祥"。

她决定走低价路线，以量取胜。由于用料考究，成本远远高于普通麻花，别人卖食品对半赚，她却将利润设定为每根赚两毛钱，打出了"1元1根，买3赠1，买5赠2"的招牌。

开业当天竟卖出了4000多根，到晚上9点钟才勉强关上门。第二天，人更多，最长的时候排了八九十人。

排队让刘伟红伤透了脑筋：排到别人家门口，挡了人家生意，排到路上，又堵了交通。有时，顾客还因为插队打起了架，连刘伟红自己从店里拿麻花出来，都会遭遇一大片"抗议"。

吃麻花要排队让刘伟红的生意很快在烟台有了口碑，不少人找上门来希望加盟。4月份，刘伟红拿到第一个加盟店的9000元钱，她高兴得睡不着觉，把钱放在枕头边，她跟老公说："你看，我的第一个店，成功了。"丈夫扔给她一句话："9000元值得你累成这样？"

5月的一天，一个浙江商人开出50万元的高价，要买刘伟红的麻花配方。刘伟红的第一个念头是，这个人是个骗子，要么就脑子有病。

丈夫觉得这人是个傻子。那人却很诚心，10多天来了3次，最后将价格加到70多万。然而就在这10多天时间里，刘伟红在烟台地区的麻花店增加到了十几家，发展势头让刘伟红看到了配方的价值，她决定给多少钱也不卖了。

这个70万元没有卖的神秘的麻花配方，留在刘伟红手里到底能够产生多大的价值？她自己也不知道。她只知道自己越来越忙，每天全国各地打来的电话让她应接不暇，她的两部手机一直不停，两只耳朵压得生疼。

她没时间洗澡，因为短短的10分钟会有20个未接来电，她一次又一次地对着电话重复着同样的内容，很长一段时间，她看到电话就害怕、恶心。她的办公室外面永远排着一大堆等待洽谈的客户……

生意家庭难两全，在丈夫潘洪成看来，女人的本分就是看好孩子照顾好家，出去工作也要做点体面的事情。他始终觉得，炸麻花是个下贱行当，跟摆地摊差不多。

刘伟红在菜市场卖麻花让他在人前抬不起头来，朋友说他："快让你老婆把店关了吧。"丈夫出去吃饭都不爱带她，嫌她身上一股油味儿。

跟刘伟红在同一小区居住的"阔太太"们揶揄中透着不屑："哎哟，你怎么干这个？至于嘛！你干一年还不够你家一天的开销。"刘伟红却觉得，只要能赚钱，干什么都可以，生意不分贵贱。

事情的转机发生在 2004 年 6 月份，焦头烂额的刘伟红声带突然出了问题，嗓子哑得不能发声。潘洪成不得不替妻子接电话。

这短短的半个多月，潘洪成受到很大启发，他觉得只要做好了，什么生意都可以做大。他改变态度正式参与到麻花店的经营中来。

刘伟红的父亲曾经是她样板店的经理，开业一年一个店就赚了 22 万，但是刘伟红却发现了问题。为了省钱，父亲减少了灯具，舍不得在白天开灯，更让她生气的是，为了节省成本，父亲竟然用非食品专用的"垃圾袋"装麻花。

说他，他还振振有辞："学生买 1 根麻花，要 2 个塑料袋，买 3 块钱的 4 根麻花，他要 4 个塑料袋，这 1 个塑料袋 5 分多钱，它不浪费吗？"再后来，他一看到刘伟红，就赶快把垃圾袋藏起来，等她一走，他又拿出来用。

因为这些事，她和父亲经常吵架，有几次都把父亲气跑了。更让刘伟红着急的是，一些员工在成了骨干、成了熟练工的时候，增加工资也留不住人，走得莫名其妙。

后来，她发现原因出在父亲身上，他对员工"看"得很紧，还经常训人，员工特别压抑，影响了积极性。

2005 年 3 月，刘伟红已经不能再容忍父亲的作派，她很正式地向父亲提出："爸，我今天不是你姑娘，我以总经理的身份跟你说，你回家吧，你被开除了。"

她转过身对工人们说："你们解放了，以后不用再受气了。"解除了经理职务的父亲，被刘伟红打发到仓库做配料管理菜园。

曾有人出1000万买她的品牌，她毫不犹豫地回绝了。她说，开一个公司和生孩子是一个道理：轻易不要去开创，一旦开创了，就要当做自己的孩子一样去养，不是万般无奈，母亲不会舍弃自己的孩子。而怎么做母亲就需要技巧了。

"创业容易守业难"，许多红火的连锁加盟店不久就销声匿迹了，她必须时时警醒，不断推陈出新，现在，除了推出蜂蜜小面包外，麻花已经增加了10几个品种。

她经常检查各加盟店的经营情况，对不正规经营的店铺进行"停料"制裁。做就要做最好，这是她的一贯作风。

目前，她已在全国各地开了1500家连锁店，无论开在哪里，哪里就出现排长队的现象。一年多来，靠连锁经营，刘伟红已经拼下了千万资产。

这几天，她正琢磨把小麻花做到国外去，和澳大利亚、日本、韩国等地的合作意向正在洽谈中。

为了她的麻花生意，刘伟红付出了太多。一个29岁的女人甚至没有时间为自己买身像样的衣服，永远是一身黑衣，"五一"时还穿着冬天的棉马靴，直到前段时间为接受中央电视台采访时才匆忙买了一条红披肩勉强上镜。

由于长期的奔波，她的腿肿得像牛腿，双脚起了成串的泡，磨破了，化脓了，走起路来一瘸一拐，不得不两次去医院动手术；长期的生活不规律，睡眠不足，导致内分泌失调，脸上起了成片的红疙瘩。

当朋友笑称她看上去像39岁时,她心里很难过。但她没有办法停下来,用她的话说"上了套"了。回想自己吃过的苦,刘伟红说,真的没有勇气重新来一次。她最大的愿望就是关上手机,睡上一大觉,然而这根本不可能。

她亲自经营的位于莱山菜市场内的样板店在杂乱的市场中颇有些"另类",店面布置得古色古香,井然有序,里面传出悠扬悦耳的葫芦丝乐曲。

当她沿着长长的过道走过去的时候,周围店铺里投向她的复杂的目光。从小生意到大生意,有时真的只差一步。

真知灼见

从小生意到千万富翁,有时只隔了一层纸,只要找对了方法并付诸行动,拥有遭遇挫折时的那份坚韧,一切都有可能。

4. 陷入困境总能绝处逢生

蓝思科技登陆创业板引发关注，其背后的手机代工行业也被拉入公众视野。

在大家羡慕打工妹逆袭成为"女首富"的背后，实际上从去年末以来，手机代工行业上至触摸屏、下至整机代工厂持续出现倒闭现象。

手机代工行业究竟发生了什么？在竞争激烈的市场环境下，我国手机代工厂面临利润微薄和生产经营模式暗藏风险等多重困境，很多过度依赖国外市场的中小型代工厂，将面临一轮残酷的行业洗牌，产业寒冬或已提前到来。

"我动用了我所有的资源也害了我的很多朋友，是我的无能没有经营好工厂，愿赌服输，我输了。"这是今年初，东莞市兆信通讯实业有限公司（以下简称兆信通讯）董事长高某的一封数百字的绝笔书，如一股寒流吹进了手机代工行业，也再次给手机代工行业敲响了警钟。

此前许多企业出现问题，老板多选择跑路或申请破产，以自杀这一极端方式处理企业危机较为罕见。可以说，这是做手机行业这几年来碰到最极端的事情。

实际上，经历寒冬的不仅是兆信通讯一家，在制造业发达的珠三角和苏州等地，自去年12月以来，手机代工行业从上游触摸屏到整机代工都出现了企业停产、倒闭现象。

2014年12月5日，台湾胜华科技在东莞东城和松山湖的两家子公司——万士达、联胜科技停产，12月9日，胜华科技旗下苏州子公司联建科技也陷入停产，3家子公司相继解散近万名员工，引起行业震动。

12月下旬，位于东莞望牛墩的奥思睿德世浦电子科技有限公司老板跑路，据称欠债1.35亿元，是继胜华科技后，给手机触摸屏代工企业拉响的又一次警钟。

2015年1月3日，兆信通讯陷入困境。这也预示着，手机代工行业陷入了全产业链危机，处于中低端的代工厂还会出现倒闭现象，洗牌还会继续。

"一部手机赚1.75元，除去人工、设备等成本，基本上没得赚，如果我不接，2小时后别人就接了。"一位手机代工企业老板对媒体表示。

《广州日报》曾报道过一个案例，深圳一家手机公司曾有希望接下一个来自越南的40万台手机代工订单，但该公司要求每台手机一个点的利润，最后没有谈拢，而深圳另外一家手机厂商以每台赚2分钱的价格就接了该笔加工订单。

近年来，蓝思科技背靠苹果和三星使得业绩逐年提升，然而，同处于手机代工行业的其他企业却没有这么幸运。

由于智能手机市场在 2013 年爆发式增长，造成了整个手机市场对智能手机市场的错误判断，认为 2014 年仍然会比 2013 年有增长，结果大幅下滑，形成了较大库存。

2015 年 1 月 13 日，工信部旗下中国信息通信研究院发布的数据显示，2014 年全年，我国手机市场累计出货量为 4.52 亿部，比 2013 年的 5.79 亿部下降 21.9%。4.52 亿部手机中，2G 手机出货量 6049.7 万部，同比下降 64.4%（2013 年为 1.7 亿部），3G 手机出货量 2.20 亿部，同比下降 46.0%（2013 年为 4.08 亿部）；4G 手机出货量 1.71 亿部。

在手机销量不及预期、库存高企之下，尤其是华为、中兴、酷派、TCL 和小米等将"战火"烧至海外，有些智能手机单价杀到 699 元甚至以下，留给杂牌和山寨手机品牌的空间进一步压缩。

我国目前手机市场总体增长放缓，品牌集中度越来越高，中小手机品牌、山寨手机的生存空间越来越小，这导致很多生产这些山寨手机的代工厂处境也越来越艰难，将来还会有更多的代工厂和零部件供应商停产倒闭。

手机市场会更加集中，很多低端手机将会死掉。即使现在的一些品牌机如华为、中兴的多种型号也只卖六七百元而已。山寨机的出局是历史必然，给其代工的工厂也会被殃及。

当一个产业步入成熟期后，那些没有创新能力、缺少品牌影响力、没有生态体系，只靠价格与硬件成本驱动的代工企业，将率先出局。

每个企业在发展的过程中，都可能陷入各种各样的困境，都可能遭遇寒冬，有些企业能够挺过来，顽强地生存下来并不断地发展壮大，但是绝大多数的企业，都是在寒冬中被"冻死"的。

就像人的一生要经历许多挫折，不可能一帆风顺一样，企业的成长和发展也不可能一马平川。

洪梓鑫是台湾彰化县人，毕业后一直在台湾一知名食品企业供职。1996年，他成为武汉分公司总经理。6年任期期满后，本打算回台湾养老，却在老乡的力邀下，64岁时走上创业之路。

67岁的洪梓鑫笑称，夫人到武汉来玩了一趟，就喜欢上这个地方，于是老两口就把家安在了武汉。在武汉待了差不多10年，他已经习惯了这里的生活，"武汉成了我和老伴的第二故乡"。

洪梓鑫年轻时，在台湾一家食品公司负责生产技术方面的工作。前些年，公司生产的味精供不应求，可是受生产能力和成本的限制，产量一直没有很大的提升。

有一次，洪梓鑫的主管私下问他："公司有意明年计划800吨的产量，你能不能想点办法？"

洪梓鑫心里清楚，公司的产能一直徘徊在500吨左右，主要原因还是生产中的"倒罐"太严重（味精产品需经发酵，如果产品发酵过程中出现变质，就必须倒掉，叫"倒罐"）。只要控制住倒罐的比率，产量应该有提升的可能。抱着试试看的心理，他接受了这个挑战。

第二天，洪梓鑫在生产部门会议上宣布："从今天开始，安排专人负责罐子温度的记录，随时向部门报告，所有人的收益与生产挂钩。"

平时，洪梓鑫除了听取各负责人的报告外，还会突击检查生产车间，一旦发现工作不到位的现象，会适当扣发责任人的奖金。这样一来，所有人的积极性被充分调动起来，倒罐的情形少有发生。

当年，洪梓鑫完成了 800 吨的指标，他也被顺利地提升为生产部门经理。

1995 年，因公司收购了武汉一味精厂，洪梓鑫被派往武汉工作。1996 年底，他正式接任武汉分公司总经理一职。当时，分公司年亏损近千万元，能否扭亏为盈，他心里没底。

每次在工厂转，细心的洪梓鑫都会"留意"到一些问题：人下班了水龙头却没关、不必要的加班把员工都耗在这里，水电能源也都浪费了……观察一段时间后，他"心里有数"了。

工厂的底子不错，产品的市场也不存在问题，只是企业管理需要大力改善。于是，他在公司实行奖金制度和能源节约政策。

一次，洪梓鑫偶然查看公司当月的日常开支，其中光通讯费用一项，就高达二三十万元！这让他非常惊讶。根据在台湾公司的经验，公司日常的事务性联络 10 万元以内完全够用。于是，他在企业内部实行话费封顶的制度，后来公司 1 个月的电话费降到六七万元。

奖金制度，则大大刺激员工的积极性。公司过去的政策是成率达到一定程度，奖金就封顶了；洪梓鑫大胆地推行奖金制度，只要收率可以继续提高，则按比例发放奖金。公司一员工称，有时效益好，奖金几乎是工资的 2 倍多。

1 年之后，厂里扭亏为盈，当年盈利 200 万左右。

"机遇是一部分，更重要的是一种尝试和享受。"从企业退休后，洪梓鑫在家休息了三四个月，每天打打球、写写字，倒也惬意。可是，一下子从忙碌的工作中解脱出来，人还是觉得"闲得慌"，很想找点事情来做做。

2002年，在一次台商联谊会上，64岁的洪梓鑫遇到了郑聪评。

郑聪评在武汉经营多家烘焙食品连锁店，他本想涉足餐饮行业，无奈分身乏术，缺乏得力的合作伙伴。当他得知洪梓鑫正退休在家时，便力邀其加入餐饮经营。

郑聪评认为，洪梓鑫有着丰富的管理经验，而且之前也在食品企业做过，管理牛排馆应该不成问题。

洪梓鑫心动了，这么多年在企业里一直是"打工"，现在有机会自己创业，为什么不去尝试一下呢？况且对方是一家连锁企业，有成熟的企业管理体系和经营经验，风险不算很大，当然值得一试。

双方一拍即合。就这样，本打算"告老还乡"的洪梓鑫做起了自己的"生意"。

当年9月份，洪梓鑫的第一家牛排馆在台北路上开业了。开业之初，洪梓鑫和员工一起到长沙的一家牛排馆学习，"自己都不了解怎么做牛排，怎么管理好牛排馆呢？"

经营了大半年，牛排馆的生意不错。可第二年碰上了"非典"，很多市民不敢出去吃饭，牛排馆的生意一落千丈。

同一条街上的餐饮店也都情况差不多。有的老板为了招揽顾客，不惜狠降菜价。

洪梓鑫却认为，降价并不是招揽顾客的最好方法。他与几位合作者意见一致：要做正宗的牛排，产品绝不搞降价。"只要消除顾客对环境卫生的顾虑，就可以留住他们"。

那段时间里，洪梓鑫要求店内的员工做好卫生的把关。每位服务员戴口罩待客，顾客进店后可以用消毒水擦手，所有餐具当顾客的面现场消毒，店内还赠饮预防"非典"的药剂。

慢慢地，顾客对牛排馆的服务产生信任感，生意开始缓慢回升。"非典"一过，店内的客流量便开始大增，比之前增加了一倍。

真知灼见

就像人的一生要经历许多挫折，不可能一帆风顺一样，企业的成长和发展也不可能一马平川。只有坚持不懈，沿着正确的道路奋斗下去，终能成就辉煌。

5. 依靠苹果、三星背后有辛酸

成为"女首富"的蓝思科技董事长周群飞风光的背后有辛酸,在羡慕"女首富"的同时,也应该看到背靠苹果公司等大树的手机供应商竞争之惨烈,生存之艰难。

此前就有不少公司凭借苹果公司的大额订单而迅速"暴富",实际上,这类公司一旦技术跟不上苹果的要求,则迅速被抛弃,由盛转衰。

根据蓝思科技披露的招股说明书(申报稿),蓝思科技的主营业务是视窗防护玻璃的研发、生产和销售,主要产品是视窗防护玻璃(俗称手机盖板)。

周群飞和郑俊龙夫妇合计持有(包括直接持有和间接持有)公司99.09%的股份,是公司的实际控制人。

蓝思科技所生产的视窗防护玻璃是消费电子产品手机、平板电脑、笔记本等的重要零部件,这些产品几乎都卖给了苹果和三星。

招股书披露，蓝思科技近年来业绩逐年递增。2012年—2014年，蓝思科技分别完成营业收入111.63亿元、133.52亿元和144.97亿元，净利润分别为19.96亿元、24.4亿元和11.76亿元。

其中，2011年至2014年，蓝思科技客户高度集中，对前五大品牌客户的销售占比分别为94.26%、96.25%、93.1%和88.85%，其中对苹果和三星的销售占比分别为80.28%、87.65%、83.6%和71.97%。

尽管背靠苹果和三星赚得盆满钵满，但其背后隐藏的风险却不可小觑。有幸成为苹果供应链的公司，是促进企业快速增长的一剂兴奋剂。但与此同时，一旦掌握话语权的苹果公司采用其他新技术，将面临巨额订单流失，大量固定资产设备和工人闲置，巨额现金流被垫付的困境。

实际上，蓝思科技也在其招股书中坦承这种风险，"如果个别或部分主要客户因行业洗牌、意外事件等原因出现停产、经营困难、财务情况恶化等情形，将会影响公司的正常经营和盈利能力。"

成功跻身苹果产业链，让蓝思科技成就了今日业绩。对少数大客户依赖的风险也让投资者担忧其是否会成为下一个"GT"？2014年，美国著名的蓝宝石生产商GT就因苹果新产品未使用蓝宝石而宣告破产。

2012年—2014年，该公司对苹果和三星的合计销售占比分别达到87.65%、83.60%和74.15%。面对这样的现实，蓝思科技在招股书中坦言，未来若苹果、三星稍有闪失，蓝思科技不排除出现上市当年业绩波动、下滑、营业利润同比下滑50%以上的可能。

蓝思科技是以玻璃盖板为主业的上市公司，在移动互联网大潮中，其业务高度依赖苹果、三星之类大型移动互联网硬件企业，行业具有劳动力密集、重资产，高经营杠杆的特点。

公司2014年劳动力成本和折旧费用分别达45亿元和14亿元，巨额的固定成本和高度的客户集中也让行业具有高度的投资风险，如果失去苹果这一客户，公司或将立刻陷入困境。

美国的哈佛大学曾经做过一个耗时25年的测验。那一年，一群意气风发的大学生从美国哈佛大学毕业了，他们即将开始穿越各自的事业人生。他们的智力、学历、面临的环境条件都相差无几。

在临出校门时，哈佛大学进行一次试验，对他们进行了一次关于人生目标的调查。

结果是这样的：

27%的人，没有目标；60%的人，目标模糊；10%的人，有清晰但比较短期的目标；3%的人，有清晰而长远的目标。

25年的时间里，哈佛大学一直在对这群学生的发展进行跟踪调查。

最后发现结果是这样的：

3%的人，25年间他们朝着一个方向不懈努力，几乎都成为社会各界的成功人士，其中不乏行业领袖、社会精英；10%的人，他们的短期目标不断地实现，成为各个领域中的专业人士，大都生活在社会的中上层；60%的人，他们安稳地生活与工作，但都没有什么特别成绩，几乎都生活在社会的中下层；剩下27%的人，他们的生活没有目标，过得很不如意，并且常常在抱怨他人、抱怨社会，在所有的抱怨中，一个共同的主题是世界"不肯给他们机会"。

其实，他们之间的差别仅仅在于：25年前，他们中的一些人知道为什么要前进，而另一些人则不清楚或不很清楚。

目标清晰，长期坚持，最终获得成功——马云就是这样的创业者。

马云是阿里巴巴创始人，被称为"创业教父"。曾经的创业艰辛、近日的荣耀辉煌，使得这位卓越企业家身上有散发不完的光环在萦绕。

马云是投资理财讲师张雪奎最敬佩的创业大师，白手起家，一次成功，几乎很少走弯路，10年间成为屹立世界的企业巨人。其崛起速度，可以相比的也就是盖茨等寥寥几人。

我们就来看看马云创业故事吧，听听他的创业经历、伟大梦想、经营哲学和人生感悟。

阿里巴巴无疑是中国互联网史上的一次奇迹，这次奇迹是由马云和他的团队创造的。

但是阿里巴巴创业开始，钱也不多，50万，是18个人东拼西凑凑起来的。50万，是他们全部的家底。然而，就是这50万，马云却喊出了这样的宣言：我们要建成世界上最大的电子商务公司，要进入全球网站排名前10位！

那是1999年。1999年，中国的互联网已经进入了白热化状态，国外风险投资商疯狂给中国网络公司投钱，网络公司也是疯狂地烧钱。

50万，只不过是像新浪、搜狐、网易这样大型的门户网站一笔小小的广告费而已。阿里巴巴创业开始是相当艰难，每个人工资只有500元，公司的开支一分钱恨不得掰成两半来用。外出办事，发扬"出门基本靠走"的精神，很少打车。

据说有一次，大伙出去买东西，东西很多，实在没办法了，只好打的。大家在马路上向的士招手，来了一辆桑塔纳，他们就摆手不坐，一直等到来了一辆夏利，他们才坐上去，因为夏利每公里的费用比桑塔纳便宜2元钱。

阿里巴巴曾经因为资金的问题，到了几乎维持不下去的地步。

创业艰难百战多，8年过去了。2007年11月6日，阿里巴巴在香港联交所上市，市值200亿美金，成为中国市值最大的互联网公司。马云和他的创业团队，由此缔造了中国互联网史上最大的奇迹。

中国大部分想创业的人都是一样，晚上想想千条路，早上起来走原路。他们比马云聪明多了，能想出非常多的创业好点子来，但是他们从来没有去执行过。因为他们有着太多的借口和理由。

"我没有钱。"他们都这样想。

于是，他们继续过他们平庸的生活。俞敏洪在北京大学 2008 年开学典礼上的发言中说了这样一段话，令人特别感动，他说：

"人的一生是奋斗的一生，但是有的人一生过得很伟大，有的人一生过得很琐碎。如果我们有一个伟大的理想，有一颗善良的心，我们一定能把很多琐碎的日子堆砌起来，变成一个伟大的生命。但是如果你每天庸庸碌碌，没有理想，从此停止进步，那未来你一辈子的日子堆积起来将永远是一堆琐碎。"

看完之后，你还会对自己创业没有资金或没有其他什么的找借口吗？你要做的是：想到了，马上就去做！

像马云那样，只要你努力了，世界上，其实没有你做不到的事情！

真知灼见

管理者的内在素质和外在修养会对企业的持久发展产生影响。蓝思科技的透明的企业氛围、活性的内部竞争和彻底的创新理念，处处都彰显着周群飞的个性魅力。

第六章

选择家乡浏阳创造良机

周群飞，一位擅长用行动和结果说话的企业家。她做事雷厉风行，不畏困境，不徇私情；她不墨守成规，思维开阔，积极创新；她浑身充满激情，用20余载的执着和勤奋写就自己的传奇。她的故事被人们津津乐道，她的脚步也成为无数年轻人的指向标。

1. 发工资惊动了行长的"女首富"

"人红是非多。"蓝思科技董事长周群飞"女首富"的桂冠还没来得及戴上,纷扰已如暴雨般袭来。

作为一家在2014年销售收入144.9亿元和净利润11.8亿元的新贵,蓝思科技无疑是未来创业板公司中的"航母",一旦完成IPO,其将创下营业收入、净利润、总资产、总市值、控股股东持股比例和董事长薪酬等六项第一。

已贵为"手机玻璃女王"的周群飞,个人身价有望达到466亿元,将一举成为"湖湘首富"和"中国女首富"。

早在2013年,全世界每7个人就有1人在购买智能手机,而蓝思科技则是包括苹果和三星在内全球手机与平板电脑防护屏最重要的提供者。

随着蓝思科技登陆资本市场,到了需要我们透过屏幕,"严肃阅读"周群飞和她的蓝思科技的时候了。

1970年出生的周群飞,20岁进入玻璃加工行业,30岁创立深圳蓝思,开始专注于视窗防护玻璃的研发、生产和销售。

2004年，产品率先应用于摩托罗拉V3手机并取得巨大成功，同年周群飞创办了香港蓝思科技，此后陆续创办了昆山蓝思和湖南蓝思（蓝思科技前身）与蓝思华联等企业。

2012年至2014年，蓝思科技实现销售收入分别为111.6亿元、133.5亿元和144.9亿元。最近3年来，苹果公司一直是蓝思科技最大的客户。

2014年，蓝思科技对苹果的销售收入为68.8亿元。此外，客户名单中还有三星、LG、富士康、小米和华为。

这些从招股说明书上获得的信息，略显枯燥。但除此之外，鲜有周群飞的权威信息，蓝思科技的官网相对其百亿企业而言可谓简朴。

纵然低调行事，但上市前夕，争议却远胜一般IPO公司。从股权集中到客户集中，从发行价格到业务前景，甚至周群飞个人隐私不一而足。

2012年时任浏阳市委书记钟刚曾经这样介绍："光蓝思科技一家企业去年就给我们县发放了15个亿的工资，解决了数万人的就业。"

蓝思科技给员工发工资甚至还惊动过时任中国银行董事长的肖钢。和蓝思科技有接触的一名湖南上市公司高管说，当时中国银行在蓝思科技厂区有十多台柜员机，每月发工资的日子，员工会排长队将工资卡取成现金。

由于人多，经常将柜员机的现钞取空，以致引起了中国银行总部机房的注意。后来肖钢在中国银行任上还曾专门来过蓝思科技调研考察。

2014年末，蓝思科技员工数已达8.2万人，全年薪酬的支出达到44.5亿元，想来柜员机应该更多了。

精干、不善言谈、低调、勤奋……虽然是1970年代的创业人，但周群飞身上充满了1960年代人的气质和精神。

同样，初中毕业的刘玉栋，当年闯济南时身上只有2块钱，但今天他旗下公司的年销售额已经突破2个亿。

刘玉栋的家，和其他农村家庭一样：贫穷、兄弟姐妹多。与许多农村孩子不同的是，他虽然是家庭中的老幺，但从小独立性强。1987年，只有16岁的刘玉栋，念完初中带着2块钱来济南"打天下"。

那时他没什么手艺，找个工作异常难，最后只能跟着一个师傅学修理自行车。当时，他的想法很淳朴：艺不压人，学点手艺，以后能混口饭吃。

2年多的学徒，挣了2万元，"当时白天除了在店里修自行车，晚上还要到自行车厂去装自行车，工作虽然辛苦，但收获大。"这个"成绩"让他至今记忆犹新，"一个不到20岁的年轻人有2万元，那个时候很少见。"

回家盖房子结婚，还是继续在那里做？当时，他困惑，在农村，男孩子一般20岁就要结婚了，父母也劝他回去。但他最终还是"违背"了家人的意愿，在济南大厦附近花300元/月租了一个门头，专门修理自行车。

当时来修理自行车的人大多喜欢吸烟和喝酒，细心的刘玉栋，专门从别处进来一些烟酒放在店铺里辅助经营。这成了他做酒类代理的原始起点，时间长了他感觉从别人那里进货成本高，头脑灵活的他把眼光盯到代理上。

做代理何尝容易，谁也不会把大批量的货放给这个只有19岁的年轻人，而且，当时许多酒厂都有专门的代理，酒厂对一车两车的货也不在乎，再说他没有多少资金，实力不行。

胆大的刘玉栋带着1万多块钱，来到当年旺销的兰陵白酒的酒厂。厂长毫无商量地把他拒绝了。

刘玉栋并没有气馁，"他不卖酒给我，我就不走"刘玉栋回忆说在厂长的点拨下，他跑遍了整个济南，包括商河、济阳等地方收酒瓶。厂长没有失信，最终把酒卖给了他。

"想做的事，就要不惜代价去做，应该把困难当作机遇，当作锻炼的机会。"现在，刘玉栋还庆幸自己的坚持，"这与我在农村生活养成的勤奋、努力分不开。"

1992年，在得知美国两家洋行开始从事可口可乐、德芙等产品中国代理贸易后，21岁的刘玉栋跑到北京与这两家洋行谈判，要求在济南代理经销"洋牌子"。精明加上努力，刘玉栋如愿以偿。

后来，他又陆续代理了费县老白干、景芝白干、泰山特曲等山东的白酒。到了1994年，公司每年的销售额达到上百万。刘玉栋完成了原始积累。

更大的动作还在后面。2002年10月，刘玉栋联手泸州老窖，开发了泸州老窖"古酿"、"窖藏"两个系列共20多个新产品，并取得其全国独家代理权，在全国各主要省市设立分公司，建立了自己的销售渠道和物流配送网络，形成了以济南为中心、依托山东、辐射全国的市场布局。

至今已是茅台、五粮液、泸州老窖、郎酒等50多个著名品牌、2000多个单品的济南代理商。不过，这并没有让他满足，"我们还要做外国名酒的中国区总代理，让中国老百姓与洋酒真正地亲密接触。"

目前，刘玉栋代理的产品不仅在酒水，还涉及副食调料、熟肉制品、保健食品、日用百货等领域。

"我们除了做流通环节，现在还进入了生产环节，并打造了自己的食品品牌'达达'牌，这标志着我们正式进入生产环节，具有标志价值。"2003年，刘玉栋仅在济南地区的销售就达到1.5亿元，全国销售超过2亿元。

"只有专业化才能取胜，"刘玉栋有着自己一套特殊的经营思路。虽然目前，刘玉栋经营的这个企业建成了全国最大的专业酒类网络，但他们仍在强化、延展自己的网络。

"现在我们的网络已覆盖了山东70%的县级城市，不过还在建设更深层次的营销网络，对于流通行业，网络是最有价值的。

目前，刘玉栋正在自己专业化的路上奔跑。"我们在酒类代理上要向国美看齐，有自己完善的网络，专业化，打造自己的百年品牌。"

也许因为没有上高中和大学，一直没有得到系统的学习，刘玉栋感到很遗憾，他时常提到这个词："学习"。在他的生活中，学习是一个永远贯穿的关键词。

现在，他感到欣慰的是有了学习的时间和条件。"我现在正在读

MBA，希望多学习一些经济管理的知识，这样才能有利于企业的快速、稳定的发展。""学习应该成为一种习惯。"人最大的财富不是结果，而是走过的路和学习积累的经验。

除了学习一些理论，"还要向你的客户、家人、员工学习，他们往往能让你得到意想不到的启发。对于1970年代的年轻创业者，应多学习五六十年代出生的企业家身上的一些精华，弥补自己时代的不足，避免走一些弯路。"刘玉栋说。

作为农村出来的人，刘玉栋对农村有着特殊的感情，对农村人的经历有特殊的理解。他提醒：对于很多农村进城打工的年轻人，不要放弃学习，要敬业，这样才可能成功；对于大学生来说，不要放弃打工，锻炼自己的能力很关键。

企业经营的加减乘除：加，就是加强企业管理；减，就是减去传统管理模式；乘，就是要走资本之路，成倍扩张；除，就是除掉家族观念。

不能以数字衡量企业发展。"我们不能仅仅以数字来衡量企业发展，除了数字还有别的。我们公司的3年目标就是让中层干部买上别墅，开上自己的私家车，让停车场比办公区还大。因为，从长远看，这不仅是为员工负责，更是为他们的家庭和我的企业负责。"

最大的财富是系统。一个企业最大的财富是系统。系统就是一种无纸化管理、一种制度化管理。用系统去管理，不仅有序、快速、高效，而且还能节省成本。

敬业不要忘本。由于出身农村，刘玉栋总是强调"敬业不忘本"。

他专门为一所残疾学校捐助了几万元。到目前为止,他已捐助了 50 多万元。他最大的心愿,是建设山东最好的孤儿院和养老院。

真知灼见

出奇制胜,不断创造新的体制、新的产品、新的市场和压倒竞争对手的新形势,企业才能立于不败之地。创新是企业家通过长期的积累和全身心的投入获取的灵感,是企业家精神的灵魂,是企业持久发展和占领行业鳌头的关键。

2. 诚信、实干让她选择了浏阳

"浏阳是一方干事创业的热土,它未来的发展必定如同今夜的烟花一般绚烂,而我坚信,大家只要深入地接触了解这里,就一定会爱上这里。"

这番话,不是浏阳的自我推介,而是出自中国"女首富"、蓝思科技股份有限公司董事长周群飞之口。

"今天很高兴作为企业代表为浏阳代言。"在浏阳市举行"湖湘宝地·美丽浏阳"2015重点项目推介暨招商项目集中签约仪式活动中,周群飞以约半个小时的发言,向在场的数百客商真情表白,当起了"招商员"。

从2006年,蓝思在深圳的产能不足,周群飞开始寻求扩产,当时她去了全国各地考察,考察了全国多个工业园区,并且同时在昆山和浏阳进行了初步规划,但最终选择落户浏阳。

为什么蓝思最终选择了浏阳，周群飞道出了个中缘由：

"一是因为我是湖南人，而我父亲希望我回来报答家乡，我们都是重感情的人；二是因为湖南虽然相比沿海地区没有区位优势和完善配套，但浏阳有得天独厚的交通优势，机场、高速、高铁都非常便利，而且当时湖南加大承接产业转移的力度，有着很好的发展预期；三是因为浏阳市和园区的领导干部，都是扎实做事、诚恳勤勉的人，他们有着开门迎客招商引资的诚信，有着全心全意热忱服务的真心，有着不怕困难艰苦奋斗的决心，他们感动了我，感召了蓝思。"

一家深圳创立的公司，何以会在湖南发展壮大，这要说到一个2004年就开始和周群飞打交道的人——时任浏阳医药生物园管委会主任、现任衡阳市副市长的张贺文。

2004年的一天，近下班时间，两个背着大旅行包、穿着泛白牛仔裤的人来到浏阳医药工业园。园区管委会主任张贺文和周群飞就这样"接上了头"。

事实上，周群飞此前已经主动与多个工业园区"接触"，除浏阳外，普遍没有引起"警觉"与重视。

彼时，张贺文正苦于园区的医药产业对吸纳当地就业、激活第三产业作用有限，打算规划发展信息产业实现"双轮驱动"。

多年后，张贺文曾在接受媒体采访时说，当时对蓝思科技谈不上有多少深入的认识，听到周群飞说自己的工厂将高端手表壳的先进工艺、自主研发用到了手机镜面制造，她初步认定这应是一个具有高成长性的企业。

"当年，我们引进了一批生物企业以后，打算学习美国硅谷等地的做法，生物医药和电子产业共同发展，但进展缓慢，正迷茫之际，遇到了周群飞夫妇。"张贺文称。

此后，浏阳方面多次拜访周群飞。2006年初，浏阳方面找准了"湖南离机场最近"的工业园和人口大县的优势与蓝思科技签订初步协议。

但周群飞并未完全放心，她在2006年同时在江苏昆山和湖南浏阳注册了公司。最终浏阳方面在规定的40天内完成118亩地的征地拆迁、平地以及相关配套从而占得先机。

说起来到浏阳以后的发展，周群飞认为公司的发展与湖南、长沙、浏阳的发展一直"同频共振。"

她说，公司在浏阳落户之后，建设初期遭遇了很多困难，但浏阳市委市政府和浏阳经开区管委会给了大力支持和帮助，让蓝思得以顺利投产并逐步发展壮大。

"无论是2006年我初到园区时的热情接待，还是2008年投资初期遭遇冰雪灾害的共度时艰，无论是浏阳园区40天平整出百亩土地，还是投产后的持续关注和服务，蓝思科技都受益良多。"

"如今，我们蓝思已从原来的7000人发展到现在9万多名员工，年产值从5亿元跃升到现在的集团销售近400亿元，年利润达48亿元，年进出口总额超过30亿美元，连续5年稳居湖南省加工贸易进出口第一名，并跻身全国非公经济500强。"

2011年，蓝思科技进出口额超过三一重工跃居湖南第一，此后更一举在湖南设立了6家公司。

周群飞告诉大家，作为回报，蓝思除了利税上的贡献，还为浏阳提供了40000多个就业岗位，带动了一批配套企业落户发展。

而且，蓝思还以浏阳为本部进行股改上市，2015年3月18日，蓝思科技成功登陆创业板，受到资本市场青睐，也成为了创业板的指标股。

"蓝思发展起来之后，很多地方的政府，园区都来找过我，希望蓝思能够过去投资，有些地方甚至给出了'零地价'等极具诱惑力的条件。"周群飞说，"今天我重申，我不会离开。只要我还能工作，我就会为湖南工作，为蓝思人工作。"

"如今虽然总体经济形势不太乐观，但长沙、浏阳仍然保持了良好的增长势头。"周群飞在发言中表达了对长沙、浏阳的信心。

"我个人认为引资、投资所着重的无非三点：天时地利人和。'一带一路'战略的推进，两型社会建设的深入，'中部崛起'的产业结构调整，使得浏阳具备了逆势腾飞的'天时'；作为省会副中心城市，浏阳坐拥黄花机场、京广、沪昆高铁、沪昆、京港澳高速等全国交通主动脉的便利，拥有承接沿海产业转移、推动中部崛起、连接西部开发的'地利'。"

周群飞为客商们分析形势，"而更重要的是，浏阳市委、市政府、浏阳经开区管委会的领导干部们都是干事创业的人，浏阳有的是勤劳善良的乡亲，具备充足的劳务输出，拥有'人和'优势。"

近年来，一批批企业在浏阳不断发展壮大，并切实感受到浏阳不断优化的经济发展环境。在本次重点项目推介会上，中国"女首富"、蓝思科技董事长周群飞特意邀请了其产业上下游企业50多位朋友前来参会，并不遗余力地推介浏阳。

她回顾当年从落户浏阳经济开发区开始的发展历程时说，"浏阳人的热情、诚信、实干，让我深受触动，这是一片干事创业的热土。"

创业者必须要有梦想，并且梦想越大越好，因为梦想是创业路上的动力源泉，要知道任何创造成功的过程都一定会历经不同的困难和痛苦。如果一个没有梦想的创业者，他一旦遇到困难或挫折，首先放弃的往往总是梦想。

很多的创业者都是白手起家的一族，当我们选择了创业，就得把梦想变为与自己共存亡的东西，千万不可放弃。哪怕是置身于生死边缘的汪徉之中，只要还能抓住一棵浮草，只要还有梦想和你生死与共，就得努力的抓住往上爬，只要梦想永在，坚持梦想就总有实现的时候。创业需要梦想，当然更需要实干。

杨文艳，2003年因为国有企业改制而面临下岗考验的她不甘命运的摆布，从下岗的苦闷中挑战自我，勇闯出路，并重新找回了自己人生坐标。

杨文艳原来的工作单位是盘锦市九化公司招待所。从得知企业要改制，招待所要买断那天起，姐妹们像断了线的风筝，六神无主，四处寻求出路。38岁的杨文艳下决心要做事情，要把招待所租下来，带着大家一起干。

接下来创业的艰辛是杨文艳始料不及的，年久失修的室内设施、管线老化、灯线短路、石棉瓦房盖的餐厅、腐烂的木质窗棂、地面不时往外返水，常常看不到干爽的地方等等。

经过深思熟虑后，杨文艳决定重新装修，要以全新的面貌展现在顾客的面前。她拿出了买断工龄的钱和家里所有的积蓄，连儿子积攒的过年压岁钱都抠了出来。但钱还是不够。只好把父母存的养老钱也拿来。

得知杨文艳的行动后，姐妹们很受感动，也纷纷提出集资，共渡难关。大家自愿拿出自己下岗买断工龄的钱，虽然钱不多，但此时这些有数的资金，对于挽救这个濒临瘫痪的招待所无疑是"及时雨"。

为了节省资金，许多活都是大家自己干：粉刷墙壁、刮大白、贴木纹纸……实在忙不过来，姐妹们就把自己的爱人和朋友带来一起干，改暖气管线、改线路等等。

2个多月的时间，几乎没有人休息过，大家还商量给企业起了一个和谐的名字叫"祥和"，每天带着灰尘下班的姐妹们，还都乐乐呵呵的，那些感人的场面深深地感动了杨文艳。

有这么多好的姐妹支持，不把企业搞起来，能对得起大家吗？于是。杨文艳和大家同甘共苦、集思广益，克服了一个又一个困难。

由于地理位置偏僻，"祥和"招待所重新开业后，一时间生意不好。连续2个月亏损，快要到月底了，不仅工资没有着落，流动资金又短缺。

杨文艳着急了，上火了，牙龈肿了，嗓子也说不出话了。丈夫看见她这个样子说：爸临终时还交给我1万元买墓地的钱，你先拿去用吧！她含着眼泪接过钱。

后来，区政府和有关部门以及街道来到招待所调研，让她们享受到了下岗失业人员重新再就业的优惠政策，有了政府的扶持，大大鼓舞了她和姐妹们，让她们看到了希望。

大家一门心思办好这个刚刚创立的招待所。这些心中充满爱的姐妹，如同对待自己的亲人一般对待那些素不相识的客人。

有一次，一位客人突然在大厅晕倒，大家在第一时间把他送到了医院，并为他交纳了住院费，又轮流护理到他的家人从外地赶来。拾金不昧的精神，在招待所也时有体现。

一次，服务员在打扫房间时，发现枕头底下有一个信封，打开一看，里面有1000元钱，服务员迅速跑到楼下去追，而此时，却已不见客人踪影，后来根据客人住宿登记情况，联系到失主，把钱及时交到客人的手上。

有时也会遇到个别酒后闹事的人，她们都好言相劝，以礼相待。在其他酒店宾馆，一般服务人员都是年轻人，而在她们这儿，看到的是一帮老大姐，平均年龄40多岁。

但宾馆靠良好的服务态度和真诚的服务热情开始有了生机。姐妹们都自豪地说："我们有了创业的领路人，不仅重新上了岗，而且还实现了我们人生的价值。"

九化祥和招待所站住了脚，杨文艳并没有止步。2007年4月，又成立了"祥和餐饮技能培训学校"。开设了厨师、面点师、服务人员等专业培训，迄今为止，为社会培训了下岗失业人员2000余人，让他们学到了一技之长，并为部分人员安排了就业岗位，在社会上得到了一致好评。

2008年在市政府及相关部门的支持下，又购置了一座面积为1700平米的楼房，成立了祥和服务中心，和社区一起为社区居民服务。

2012年6月又成立了有40多个房间的"嘉和商务宾馆"，开业以来经营良好。经过多年的艰苦创业，滚动发展，目前企业已初具规模。

从最初的亏损发不出工资，到现在年营业额近200万元，实现了盈利，从最初的政府免税到现在年缴税10万余元。企业员工从最初的26人发展到60多人，而且绝大部分是40多岁的下岗女工。

经过10年的艰苦创业，滚动发展，杨文艳和她的企业得到了政府和社会的认可，企业被评为"省AAA级信用单位"、"辽宁省最佳诚信企业"、"省政协经委重点扶持单位"、"盘锦市最佳示范户"等荣誉，杨文艳被选为区人大代表。

杨文艳创业始终保持有激情，碰到挫折不气馁。创办企业之初，亏损开不出工资，濒临绝境也没打退堂鼓。在招待所有了起色后，她又不失时机创办餐饮培训学校，祥和服务中心，嘉和商务宾馆，两三年一大步，始终保持有不断创业，扩大规模的激情。

创业需要梦想更需要实干，她创办的企业能一个个取得成功，都是一步步打拼出来，为节省资金，她常常早3点就去市场批发蔬菜。杨文艳曾两次动大手术，但她出院还未康复，就到单位了解情况，处理问题。

在企业经营中,她们充分发挥自己的聪明才智,兢兢业业,打造了一个凝聚力强的团队。杨文艳不断地学习,充实自己。她说,学习才能开阔视野,才能不固步自封,才能跟上时代的要求。

真知灼见

如果你暂时没有成功,没有地位、财富,无关紧要,只要你有野心,有把野心贯彻到底的智慧和毅力,那么站在金字塔的塔顶,指日可待。

3. 曲折经历陷入是非漩涡

然而，人红是非多。最近，有媒体报道，网络上出现一则疑似曝光周群飞早年经历的博文，将其描述成一位曾经在"伯恩光学"打工，且由打工妹摇身一变、"成功上位"的"小三"。随后更是自立门户，挖走了"丈夫"公司的骨干和客户，成为了"伯恩光学"最大的竞争对手。

不过，一位周群飞的发小李女士在一则题为《明明"女汉子"竟黑成"小三"》的博文中称，"我与群飞从小一起长大，一起上学，我于1992年来深圳打工的时候，我们又遇到了。从做手表玻璃、开时装店、电子商店再做手机玻璃面板，她一直很有经济头脑，都是一步一个脚印地走过来的。"

一家湖南拟上市公司董秘曾表示，自己根本就不信那些谣言，蓝思科技有本事通过三星、苹果的严格考核拿到订单,业务蒸蒸日上已经说明了一切。

另一家湖南上市公司董事长则表示,在三一重工迁出湖南之后,原来对谁能扛起湖南民营制造业大旗颇感茫然,现在看来蓝思科技或许可当此任。

但最直抒胸臆的支持或许还是来自当初将蓝思科技引入湖南的张贺文。2014年初离任浏阳转赴衡阳担任副市长的张贺文,已经有1年多时间停止更新自己的博客。

但在周群飞遭"非议"炙热之际,张贺文分别在3月5日和10日两度更新博客,直言"人是不可以被打倒的,除非他(她)自己愿意倒下"。在后一篇博文中,张贺文直接以《对"女首富"应该有什么样的态度》为题,称赞周群飞为"湖南的骄傲,我们支持你!"

张贺文在这篇博文中引用了一位湖南卫视主持人的微信:"若干机缘巧合组合在一起就变成了传奇。没那么多计划、阴谋,很多时候都是走一步看一步,顺其自然的结果。周群飞有今天是因为她的智慧、勇气、懂得放弃再加上一些运气,即使她没有遇到前夫,她也会遇到另一个懂得欣赏她的伟大的男人,她传奇的本质不是她遇到了什么样的男人,而是她是个什么样的女人。"

对一个把公司做到百亿级别的大企业家，是非面前，周群飞眼下真正需要多花心思的或许还是招股书中提及的"90后"员工的管理，以及如何积极发展OGS方案这些问题。

随着周群飞的爆红，其与伯恩光学的纠葛也逐渐浮出水面。

伯恩光学和蓝思科技是中国目前最大的两家手机玻璃镜片制造商，二者的商业竞争从未停止。其中，闹得最大的当属2014年10月的"泄露商业机密事件"，两家巨头的斗争也开始由暗转明。

2014年10月10日，伯恩光学（惠州）工厂一副厂长张显波因涉嫌非公职人员行贿并侵犯商业秘密罪，在深圳被湖南警方带走。

据了解，2011年之前张显波长期在伯恩担任副厂长，2011年被蓝思科技挖走任厂长，2014年5月又从蓝思公司离开，10月8日重回伯恩工作。8月8日，蓝思科技向湖南警方报案称，张显波向公司员工阿霞（化名）行贿2.7万元，试图盗窃公司商业机密。

2011年，伯恩公司高层之一的张显波突然向伯恩光学请辞，前往蓝思科技公司任职。张显波的同事万先生回应说："当年蓝思科技为挖走张显波和我们，送给我们20万，我也分了一部分钱，并承诺给予优厚待遇、高职位及股票分红等。"

但张显波在蓝思的日子并不如意。他对妻子陈女士称，公司对他管理太严，承诺没及时兑现，甚至到了监视他一举一动的地步。张显波称自己身心疲惫，提出辞职，但公司以张掌握公司核心机密为由拒绝。

对于被湖南警方抓捕一事，张显波称"是一个圈套。伯恩光学是行业内的老大，有必要去盗取蓝思科技的商业机密？"

伯恩高层以及多名公司元老介绍，周群飞早年曾在伯恩供职多年，后离开创立蓝思科技公司。在伯恩，周群飞积攒了不少玻璃生产中的经验，在实战中总结了一套独创的特种玻璃加工工艺。

据不完全统计，多年来蓝思科技已从伯恩光学挖走高管以及技术人员达400人。

有媒体曾报道称，一名从蓝思科技公司回到伯恩的中层管理职员说："蓝思科技一直把伯恩当做最大的对手，我们当时被挖过去的有20多人。公司高管鼓励我们从伯恩带走更多的人，并给予金钱奖励。"

对于该事件，湖南蓝思科技公司副总经理、董秘刘先生称，张显波确实是从伯恩跳槽到蓝思担任厂长，但并非老板周群飞挖的他，而是他主动从伯恩离职。

后来，蓝思发现张显波工作不正常，伤害公司利益。他长期与伯恩一高管保持联系，涉嫌泄露蓝思商业机密，我们怀疑他是商业间谍。

"我们希望能够低调处理张显波事件,也不希望该事件引发两个大企业之间的误会和矛盾。"刘先生还解释,"蓝思科技并非苹果、三星手机屏最大的供货商,伯恩才是。"

随着蓝思科技3月10日正式申购,这家"小巨无霸"企业身上的"苹果概念"、创业板"营收、净利、资产、高管薪酬第一"等种种闪亮标签,无疑给创业板扔下了一枚"重磅炸弹"。

更匪夷所思的是,蓝思科技是一家股权高度集中的企业,周群飞夫妇持股比例接近九成。安信证券在研报中预计,周群飞的身家或突破460亿元,将超越杨惠妍的财富。胡润研究院发布的《女富豪榜》显示,2014年内地女首富碧桂园的杨惠妍,其身家为440亿元。

然而,本来应该是资本市场的一次"逆袭传奇",如今却被演绎成多种版本,是非漩涡中的周群飞也变得越来越神秘。

尽管外界争议不断,但这位准"女首富"却始终保持低调沉默。周群飞除了少量公益活动外几乎很少进入公众视野,她是如何从台湾厂商主导的手机代工业中突围,夺得苹果公司的大订单,对外界来说仍是个谜。

不过,可以明确的是,今年45岁的周群飞2014年年薪高达1036万元,目前,她创办的蓝思科技已是国内外第一家通过自主研发,将玻璃镜片应用于多媒体及电子消费产品显示屏的高科技企业,被誉为"创业板中的中石油"。

蓝思科技逐渐壮大后,与伯恩光学在移动设备屏幕等方面展开竞争。此后不久,周群飞将工厂迁往湖南老家。

周群飞也曾介绍,自己最初从手表玻璃起家,相继创办了11家公司,"经历过日工夜读、白手创业的艰辛,体会过金融危机的剧痛,尝到过产业转型的压力和激烈竞争的残酷。"

"今天你迈过这个小坎,明天你就会迈过一个大坎。"去年3月,周群飞在湖南一个活动演讲时透露,她在20多年的创业过程中,经历了多道坎坷,"两次把房子卖掉,给员工发工资"。

如今苦尽甘来,2012年至2014年,蓝思科技实现销售收入破百亿。

真知灼见

人生没有痛苦,就会不堪一击。正是因为有痛苦,所以成功才那么美丽动人;因为有灾患,所以欢乐才那么令人喜悦;正是因为有痛苦的存在,才能激发我们人生的力量,使我们的意志更加坚强。人的成长必须经历痛苦挣扎,直到双翅强壮后,才可以振翅高飞。

4. 蓝思的"富士康病"隐忧

作为制造型企业，随着人员的几何式扩张，员工管理困难也成为蓝思科技的另一隐忧，加上员工年龄层偏轻等因素，管理问题就更为严峻。

要知道，同为电子产品代工企业，富士康就曾发生过一系列的"血汗工厂"事件。

2006年6月14日，新浪等媒体转载了英国《星期日邮报》以富士康工厂为背景所撰写的文章——《"苹果"中国代工厂探秘：工作15小时月薪300》。

报道提供了大量生产苹果旗舰产品iPod（音乐播放器）的中国代工厂的内部照片，据报道，iPod主要由苹果代工厂富士康集团女工生产，她们的月收入仅有27英镑（约合人民币387元），但每天的工作时间长达 15 个小时。

报道特别指出:"富士康深圳龙华工厂拥有 20 万名员工,这座'iPod 之城'比英国纽卡斯尔的人口还要多。"

报道称,龙华工厂的员工一般住在可以容纳 100 人的宿舍里面,而且外来访客未经允许不得入内,苹果 iPod nano 在一座 5 层高的工业大楼中生产,有专门的"警察"负责大楼的安全。

6 月 15 日,《第一财经日报》刊发了记者王佑的报道——《富士康员工:机器罚你站 12 小时》。报道称,生产线上没有凳子,除了少数员工之外,一般操作工都必须站立工作,连续 12 个小时站立着干活,不得说话。

工作完毕后,操作工们还需要留下来开夜会。遇到晚上倒班,有些小姑娘吃好饭只能在楼梯上坐一下,然后进入生产车间直至第二天清晨。

如果谁在楼梯上躺着睡,将被管理人员记过。据报道,一位富士康员工"正琢磨怎样逃离这家他刚工作不到 1 年的全球 500 强企业",他亲眼看到 3 个年轻女工因为经常加班,晕倒在了生产线上。"12 个小时啊,就像罚站一样。我一个男人都受不了,何况她们呢?"

对于富士康的管理问题,该报道描述,"生产线实习的新职员同样没有凳子坐，大部分时间都要站着，且不能东倒西歪。如果被抓到就是劈头盖脸一阵训斥。几个月下来，从生产线走到宿舍，每个人已筋疲力尽，双脚生满水泡"。

每天下班，无论有没有货车经过，工人们必须进入厂区的"人行道"走回宿舍，不能乱窜。下班后谁忘记拔掉计算机插头，罚款1000元，如果因工作需要调换部门，职员的电脑将被拆开3次，检查机型内外的编码是否匹配。

公司的大部分会议都在休息时间召开，如周末或者晚上下班，有时一开就是3—4个小时，如果不去一律按照旷工处理。

6月初，富士康高层发现，相关机密文件丢失。管理部门规定，严禁任何员工携带笔记本电脑、MP3、U盘等进入厂区。

富士康在工作纪律上要求一向严明，谁迟到，谁就会被惩罚。一位不愿透露姓名的富士康员工如此形容他们的生活："干得比驴累，吃得比猪差，起得比鸡早，下班比小姐晚，装得比孙子乖，看上去比谁都好，五年后比谁都老。"

很多员工在一些网站的论坛或在自己博客中提到，"富士康就像一支军队"，"富士康接近军事化的管理模式"，"富士康实行准军事化管理"等类似说法。

《富士康：全球"代工之王"的管理圣经》一文也写道"富士康就像是一个大军营"，在富士康厂房的标语中可以看到像军队一样的口号——"矢志历练，竞走潮流跑道；终身学习，超越自我巅峰"、"机会只留给有准备的人"等。

富士康制定了非常严格的纪律，连科研人员也是这样的要求，"走出实验室，没有高科技，只有执行的纪律"。据《中国新闻周刊》记者报道，在深圳当地采访时，很多来自富士康集团的中、下层员工认为，富士康的管理模式虽然缺乏温情，但却是有效的、成功的、正规的。对其用工方式，他们表示"已经习惯了"，"你要来这里工作，你就必须接受这一套，要么走人。"

对于"蓝思科技"公司虽然以"科技"二字冠名，实际上则是苹果、三星的下游代工企业，刻着传统制造业的烙印。

从员工构成看，蓝思科技的生产员工占大多数。2014年年末，公司生产人员有6.9万人，占员工总数的84.1%；技术员工9500人，占员工总数的11.6%。

在各大招聘网站上，公司常年挂有招聘广告，对于员工尤其是普工的需求量极大。人们对科技公司的普遍印象是研发人才聚集，而在蓝思科技，员工主体却主要是数量庞大、年龄层偏小和学历较低的普工。

富士康有的"血汗工厂引发员工跳楼"的事件，在蓝思科技也同样存在。同富士康一样，蓝思科技在浏阳的工厂发生过跳楼事件，2011年1年内就有2名员工跳楼。

在蓝思科技的帖吧和其他论坛，很多员工尤其是普工对公司苛刻甚至压榨员工的规定表示不满。如工作时间长、进公司不能带手机、辞职要排队等。

车间里的工作环境也是令人堪忧，甚至威胁工人身体健康。虽然员工在网络上表达的不满不能尽信，但这在一定程度上反映出了公司在员工管理方面确实有问题。

蓝思科技只是苹果产业链上的供应商，规模不小但利润有限。其实，蓝思科技也在招股书中坦承，"随着公司员工规模的扩大，蓝思科技将面临员工管理困难的风险，可能会出现诸如食品安全、安全生产、卫生防疫等方面的意外群体事件，从而对公司的正常经营造成不利的影响。"

而随着产业规模不断扩大，蓝思科技在各大招聘网站上几乎每天都挂有招聘广告，据了解，公司已长期存在用工缺口的问题，甚至2014年初有报道提到"公司缺口3.5万人"。

根据招股书披露，2011年至2014年6月末，蓝思科技的员工人数分别为35140人、56360人、56490人和74685人，每一期生产人员均占据大多数。2014年6月末生产人员人数为62323人，占员工总数的83.43%，普工需求量可见一斑。

据了解，公司拟上市募集资金将用于大量扩产项目，这势必加大对员工的需求，尤其是普工的需求会更大，届时原本就员工短缺的问题或将更为严重。

另外，管理上的疏漏也让部分员工对公司表示出不满。据曾在蓝思工作过的员工反映，他们一天的工作是这样的：每天工作11个小时，再加上去公司路上的时间，在公司吃饭的时间，每天要14个小时左右在公司或者去公司的路上。

而且进公司不能带手机，这14个小时的时间里，你无法和家人朋友联系，他们也联系不上你。公司很多岗位要站着上班，如果你以前没有站着上班的经历，站第一天你就会受不了。

值得关注的是，蓝思科技股权亦高度集中，公司成立8年来，并未引入战略投资者或其他机构投资者。周群飞和郑俊龙夫妇直接和间接持有蓝思科技99.09%的股份，是公司的实际控制人。

此次蓝思科技拟公开发行不超过6736万股，发行后总股本不超过

6.7亿股。据此推算，发行后周群飞夫妇也将持有蓝思科技将近90%的股份，对蓝思科技仍有绝对的控制权。

正如蓝思科技在招股书上所说，实际控制人如果利用其控制地位，通过公司的控股股东行使表决权等方式对公司的人事任免、经营决策等进行不当控制，有可能会损害公司及公司中小股东的利益。

"这样的公司上市后，可能会出现大股东随意操控公司，或在大股东需要回避表决时由少数股东控制公司的情况。"一位不愿具名的券商分析师称，公司治理的天然缺陷，需要大股东有超凡的决策能力，但同时也容易成为大股东操控上市公司的工具，进而危害公众股东的利益。

2012年至2014年，蓝思科技实现销售收入分别为111.6亿元、133.5亿元和144.9亿元。最近3年来，苹果公司一直是蓝思科技最大的客户。

纵然低调行事，但上市前夕，争议却远胜一般IPO公司。从股权集中到客户集中，从发行价格到业务前景，甚至周群飞个人隐私不一而足。

2014年末，蓝思科技员工数已达8.2万人，全年薪酬的支出达到44.5亿元，想来柜员机应该更多了。

周群飞对于舆论的指责同样低调应对，她的最好的回答是公司在不断提高员工的工资待遇，改善员工的工作环境。以实际行动在回应社会上的不实传闻。

在央视财经频道上海演播室，格力电器董事长董明珠在《交易时间》栏目午后财经板块，就《是谁在拖"中国制造"的后腿》这一主题，独家回应"血汗工厂"的指责，细心讲述被免员工的故事，信手曝出最低工资的梦想，深入探讨"中国制造"的障碍……

董明珠表示，如果说格力电器是一个血汗工厂的话，那家电这个行业可能没有不是血汗工厂了。"我一直致力于提高员工的待遇，要呵护他们，但是要严格管理他们，因为没有品质就没有市场，没有市场就没有消费者，所以你的质量一定要有保障。每个员工在自己的岗位上绝对不允许破坏质量，或者不履行自己对控制品质的岗位要求。"

这2年来格力加大了对员工的培训，让他们提高技能。因为随着时代的发展，要年薪拿到10万、20万，靠劳力、一个简单的螺丝钉那是不可能的。

"可以在这里说我不是血汗工厂，而是一个优秀的工厂。而且我今年的员工每年不来上班的，一般是15%，但是今年回来的达到了很高的比例，几乎没有流失。"

董明珠说，真的有人由于过错被免掉职务离开格力，找了3个企业，最长的干了3个月，最短的干1天。"他说还是格力好，但是他回不来了，因为格力电器明文规定，由于过错被免职离开格力的，终生不可以再回来。"

董明珠表示，她的一线工人最低工资是5万元，今年准备过6万。她并不认为她为员工带来了利益就觉得很骄傲，她总觉得这是我应该做的，作为一个企业家来讲，做一个企业，就要兼顾到你的对象。

"2年前我说梦想员工拿到5万元最低工资，今年拿到6万了，我现在有个梦想，未来3年我的员工能够拿到10万，怎么拿到10万？股东要分红，员工要提高待遇，怎么办？"

"就要提高他的技艺，我们用更多的自动化来替代他，让他有更好的空间去学习。我跟德国办了一所学校，要做的是培养人才，他可能不在格力工作了，他有一技之长，走到任何地方可以有饭吃，这就是贡献。"

投资者经常都把股价炒得很高，当然有些人是赚了钱，但是接下来又要怎么办？所以董明珠从来不希望她的股价炒得很高。

"因为对另一部分投资者来讲，他可能把全家的血汗钱全部投到这里面，高价买回来。但是如果没有给他每年分红，对他来讲就是一个沉重的打击。"

所以董明珠经常讲，她只对投资者负责任，不能对投机者负责任。"你要步入到一个良性的投资环境当中，你投了资就不要看它，每年分红就行了。"

企业家最大的价值不是自己得到了什么，是因为他让别人得到了多少。一个真正优秀的企业家是受人尊重的，而不是一个拥有多少亿财富的人。"我光荣，能让多少人生活得更加幸福，这是我的责任。"

董明珠这样说："一讲'80后''90后'大家都觉得现在的孩子太自我了，我一直在考虑我有一天要退休，这个企业是一百年、一千年的企业，是要多少代人去继承，这个除了制度建设，关键是人才培养。"

"我们格力电器的口号是掌握核心技术，主要来源于'80后'的这些孩子们。现在我们有一个光伏空调的技术，完全是'80后'开发出来的，而且是创造出来的。"

"他们的妈妈说不认识他，讲了两句话回头到厨房端菜出来的时候，儿子躺在沙发上睡着了，这种场面是50、60年代才有的奉献精神，在'80后'身上一样存在。"

"我们爱别人，才能得到别人的爱，每个人心中都有这样一个观念发生，我觉得这个诚信就自然而然形成了。这就是现在格力的文化。"

真知灼见

企业家最大的价值不是自己得到了什么，是他让别人得到了多少。一个真正优秀的企业家是受人尊重的，而不是说我是一个拥有多少亿财富的人，我光荣，能让多少人生活得更加幸福，这是我的责任。

5. 你的产品可能就是蓝思的玻璃

蓝思科技成立于 2003 年 7 月，迄今已经有 12 年历史，旗下生产的产品种类很多，工艺复杂，但总结下来就是极为简单的两个字：玻璃。

这些玻璃是干嘛用的？

手机、手表、MP3、MP4、数码相机，平板电脑以及热门的 Apple-Watch 上都有使用。蓝思的主营业务是手机防护玻璃，被装载在包括苹果 iPhone、三星在内的大量智能手机上。

全球每 2 片手机玻璃，就有 1 片产自蓝思！从苹果推出第一代 iPhone 开始。蓝思就已经是其玻璃防护屏的主要供应商之一，之后 iPad 掀起平板电脑潮流，公司又切入相关产业链，并一直保持到现在。苹果、三星、摩托罗拉、小米、华为、LG……都是蓝星的大客户。

随着 TCL 手机在市场走俏，国内的中兴、熊猫、康佳等品牌紧跟其后，纷纷采用玻璃屏。国际品牌中的少量高端手机也开始导入玻璃屏。

自此，手机屏幕开始全面向玻璃屏升级换代，并延伸到其他消费电子产品。

根据周群飞中学时的老师介绍，周群飞在单干后一直注重招收高科技人才，舍得在科研上面投入，她相信必须要在技术方面赶超别人能赢得大客户。

懂得上色流程的人都知道，白色是所有颜色中最难制作的颜色——漆上得薄了，白色会透光，漆涂得厚了，又达不到苹果对产品厚度的规定，从而无法精密地贴合下游的触控面板。

在新款的白色iPhone4中，手机正面触摸屏四周的视窗玻璃也被要求设计成白色，这虽然十分美观，但大大增加了加工难度，这也导致这种iPhone视窗玻璃的加工合格率，难以在短期内提升。

"长度允许公差仅为±0.02mm，厚度允许公差仅为±0.05mm，见光透光率为93%—97%。"但是从当年这份技术参数里深深地感到手机视窗玻璃的生产是门高科技的技术活。

由于iPhone4对生产工艺要求太高，蓝思科技的浏阳工厂当年没有很好地达到iPhone4的需求产能，台湾宸鸿科技人士曾向台湾《商业周刊》表示，蓝思科技的产能尚只能达到苹果需求的一半。

这意味着，下游所有iPhone配件厂商，都必须等待蓝思的产品

——下游厂商在哪里进货，甚至一天拿多少片，都全部由苹果来调配。

媒体给了周群飞太多的封号，比如"女首富"、"手机玻璃女王"什么的，周群飞缔造的蓝思科技到底有多牛？

2006年，周群飞选择将公司从深圳搬到家乡湖南长沙国家生物产业基地蓝思路上，简单点说就是搬到了湖南省的浏阳市，于2009年投产。周群飞随后注册成立蓝思科技股份有限公司，并将蓝思科技总部放在浏阳。

浏阳经开区是于1997年在一片荒地里建起来的，东距浏阳市市区25公里，西距长沙市区35公里，之前没有任何城市依托和产业基础。

"准备来浏阳发展时，很多朋友为我捏了一把汗，认为蓝思科技在内地难以发展起来。"周群飞对《湖南日报》回忆说，主要是缺乏配套企业。于是，周群飞就拿着资料，推介湖南、介绍浏阳，想方设法最终说服客商、供应商来到湖南。

目前蓝思科技6家工厂中，浏阳经开区工厂面积最大，达到342.4万平方米，设计用工5万人。

浏阳经开区管委会提供一份数据显示，在园区落户的236家企业中，蓝思科技是唯一一家年产值上百亿的企业。可做对比的是，2014年，湘乡市经开区落户企业175家，总产值为226.64亿元。

蓝思科技属于劳动力密集行业，密集的务工人员还带动了周边村镇服务业的发展。距蓝思科技最近的洞阳镇房价已高达三四千元，而长沙市平均房价为5200多元。

洞阳镇政府办一名工作人员告诉《澎湃新闻》记者，洞阳镇户籍人口有3.9万人，而流动人口就达到2万人—3万人，而这些流动人口几乎都是蓝思科技的员工。

2013年末，蓝思科技员工人数为56490人，2年时间增加了2万多人。其中，30岁以下员工占68.97%，中专、高中及以下学历占68.75%，84.49%的员工为生产人员。

相比蓝思科技，中联重科员工数为27028人，三一重工员工数为28414人。作为一家资本、技术、劳动力三密集的企业，蓝思科技在年轻员工的管理上压力尤重。

浏阳市委书记钟刚在2012年对《华夏时报》的记者是这么讲的："光蓝思科技一家企业去年就给我们县发放了15个亿的工资，解决了数万人的就业。"2014年末，蓝思科技员工数已达8.2万人，全年薪酬的支出达到44.5亿元。

2014年，蓝思科技的营业收入为144.97亿元。而据东方财富网的数据显示，当年创业板营收最高的是上海钢联，其营收为75.6亿元，仅为蓝思科技的一半。紧随其后的是快乐购的27.7亿元、大富科技的24.5亿元。也就是说，蓝思科技的营收，比原来创业板营收前三强的总和还要高。

董事长薪酬第一：今年45岁的周群飞2014年年薪高达1036万元，成为年薪最高的董事长。中石油董事长周吉平2013年年薪为121.2万元，也就是说周群飞的年薪是周吉平年薪的8.55倍。

营业收入第一：2012年至2014年，蓝思科技分别完成营业收入111.63亿元、133.52亿元和144.97亿元，净利润分别为19.96亿元、24.4亿元和11.76亿元。

数据显示，2013年创业板中营业收入排名前三的吉峰农机（300022）、蓝色光标（300058）和南都电源（300068）总和仅130.46亿元，不敌蓝思科技一家。

净利润第一：2013年，创业板净利润排名前三的碧水源（300070）、华谊兄弟（300027）和三环集团（300408）三者净利润总和为20.7亿元，低于蓝思科技的24.4亿元。

资产总计第一：2013年末，蓝思科技资产总计132.84亿元，而在2014年末，该数据增资至182.38亿元。截止到2013年末，创业板资产总计金额最高的是碧水源（300070）81.33亿元，远远低于蓝思科技。

首发后总股本（上市日）第一：在上市发行后，蓝思科技总股本将达到6.73亿股，刷新2010年向日葵（300111）上市时的5.09亿股。

控股股东持股比例第一：蓝思科技上市发行后，周群飞夫妇将以合计持有上市公司89.18%的股份排名创业板控股股东持股比例第一。

截至2014年，蓝思科技的资产总额达到182亿元；发行后总股本达到6.7亿股；实际控制人持股比例接近9成；董事长周群飞年薪为1036万元。这几项指标，均将成为创业板新的"标杆"。

真知灼见

管理者的内在素质和外在修养会对企业的持久发展产生影响。蓝思科技的透明的企业氛围、活性的内部竞争和彻底的创新理念，处处都彰显着周群飞的个性魅力。